山梨県の鶴川にて

目次

一章　溪流釣行記
――奥利根に、めざすイワナをもとめて

ヤマケイ文庫

岩魚の休日

釣れてよし、釣れなくてよし、人生竿一竿

Katsura Utamaru 桂 歌丸

Yamakei Library

二章 道具・餌談義
――道具と餌は釣り師のいのち

三章　海・川・湖沼遍歴
——おかしな、おかしな釣り行脚

本文イラスト／本山賢司

岩魚の休日

一章

渓流釣行記

——奥利根に、めざすイワナをもとめて

渓流釣りの魅力

私が渓流釣りをするようになってから、かれこれ二十年になります。

それまでの私は、川釣りといえば小ブナ、タナゴ、ヤマベ、ハヤ、ワカサギ、クチボソといったところが主な釣りもので、本格的な渓流釣りとはどんなものか、ほとんど知りませんでした。ずっと以前に、伊豆の修善寺あたりでヤマベ釣りをしていたとき、偶然小型のヤマメが一匹釣れてきたことがありましたが、美しいその魚体に見惚れはしたものの、まだ渓流釣りのほんとうの魅力を知るまでにはいたらなかったわけです。

そんな私が、目の色を変えて渓流釣りに打ち込むきっかけとなったのは、栃木県の箒《ほうき》川での釣りでした。

ある年の秋、仕事で一週間ほど塩原の温泉ホテルに滞在したことがありました。といっても仕事は夜だけで、昼間は何もすることがありません。そこで人に誘われるまま退屈しのぎに玉突きをやってみたところ、最初の一突きで玉が空中をふっとび、ホテルの窓ガラスを破って外に飛びだすという始末です。で、こんな遊びをするくらいなら釣りのほうがマシと思い、すぐそばを流れている箒川でハヤ釣りをしました。このとき、ハヤに混じって釣れてきた一匹の大きなヤマメに、私はすっかり魅せられてしまったのです。

秋も深まった時期ですから、ヤマメの体は黒くサビが浮いていました。しかし、その姿、野性味あふれる精悍なアゴ、強い引きの感触などは、初体験の私にとって強烈な印象でした。そして、このときの体験が引き金となって、翌年の春から毎年、各地の渓流に通いつめることになります。

こうしてはじまった私の渓流釣りは、最初の一、二年間は文字通り試行錯誤の連続でした。それまでの海や川や湖の釣りとちがって、手引きをしてくれる人がいないうえ、知識もほとんどありません。ですから、仕掛けや釣り方などはまず本を見て勉強し、そこに実地の体験で得たことを加えて、自分なりの釣り方を少しずつ身につけていきました。

また、釣り場は、雑誌や新聞の記事などを丹念に切り抜き、それを参考にしながらまず関東近県の近場の川から入ってみるというふうに、とにかくまったくの初歩からはじめたのです。

そんな具合ですから、失敗も数々ありました。これと目星をつけて行った川が、水のほとんどない枯れ川だったり、工事中で泥濁りだったりすることもしばしば。腕だってまだ未熟ですから、空ビクでトボトボ帰ってきたことなど珍しくありません。

それでもだんだんと経験を積むうちに、この釣りの奥深い魅力にいっそう心がひきつけられていきました。

それまで海や川でいろんな釣りを楽しんできた私ですが、なぜかこの渓流釣りが、私の性分にぴったり合っているような気がしたのです。

一つには、渓流釣りが大自然を相手の孤独な釣りであることでした。現地に行って、いったん目的の谷へ入ってしまえば、めったに人に出会うこともありません。出くわすものといえば野生の動物や小鳥たちと、木こりや猟師くらいがせいぜいです。当時は釣り師の数もそれほど多くはなかったので、名のある川を外せば、一日中誰にも出会わずにすむような谷が、関東近県にもいくつかはありました。そうした環境のなかで、日がな一日一人で谷川を歩きつづけていると、自分が自然と一体になり、何か一匹の生きものに化したような気分にすらなります。

もう一つには、釣り場を自分でさがせるというのが大きな魅力でした。たとえば海釣りなら、磯にしろ海岸にしろ、釣れるポイントは限られています。沖は船頭まかせで釣らなければなりません。また、川の小物釣りは、近年どこへ行ってもおおぜいの釣り師がいて、静かに楽しめる場所が少なくなっています。そして、いちばんいやだったのは、年々水が汚れてくることでした。

それらに比べると、渓流の場合は、まだまださがせば人に知られていない小さな渓《たに》が数多くあったのです。

ですから私は、地図を広げては、なるべく人の行かないような山奥の小さな渓流をさがしました。もちろん、行ってみて当てが外れることはよくありましたが、そんなときでも不思議と悔いは残りません。一方、自分の選んだ川が予想通りの静かな川だったときなど、まさに天にも昇る心地がしたものです。そういう意味で、渓流釣りには、たえず〝未知との遭遇〟がありました。

こうしたことのほかに、もちろんヤマメという神秘的な魚の魅力も、私がひきつけられた大きな要素でした。暗い岩蔭から電光のように飛びだして餌を追う機敏さ、一瞬の合わせ、ハリ掛かりしてからの強烈な抵抗、釣り上げた魚体の宝石のような美しさ……どれをとっても「素晴らしい」の一語に尽きました。

そんなわけで、私は箒川の一匹のヤマメとの出会いから、ぐんぐんと渓流に引き込まれていったわけです。そして、それから十余年後に奥利根のイワナと遭遇するまでは、ひたすらヤマメ、アマゴを追いつづけることになります。

ですから、私の渓流釣りは晩学といえるかもしれません。少年時代を含めて約四十年の釣歴のうち、前半二十年は海、川、湖沼の小物釣りで、まもなく三十歳になろうというころになって、ようやくほんとうの自分向きの釣りに出会ったわけです。

あまりいいたとえではありませんが、よく、中年になってから覚えた火遊びは深入りするなどといいます。私の渓流釣りもそれと同じようなものでしょう。しかも、このお熱は、これから先もまだ、ずっと続いていきそうな気がしています。

私の釣り場さがし

釣りの世界ではよく知られていることですが、釣り師、ことに渓流の釣り師は、けっして自分が見つけた穴場は人に教えないものです。たとえば、「狩野川《かの》は釣れるよ」とはいっても、どの沢がポイントかなどはまちがっても教えてくれません。

そのことで、私が聞いた、ウソのようなホントの話があります。
四、五年前、伊豆の大仁《おおひと》でタクシーに乗ったときのことです。中年の運転手さんと、道中、釣り談義に花を咲かせました。話によると、その人のお父さんというのが無類の釣り好きで、ついにはそれが高じて、自分で稚魚を買ってきてはひそかに放流しているというのです。そして、稚魚が大きく育ったころ、ウキウキと一人釣り竿をかついで釣りに行くのだそうです。
「うちのおやじときたら、絶対にその場所を教えてくれないのですよ。自分の友達にはもちろん、息子の私にすらいわない。そりゃ、徹底していますよ。いままでずいぶん聞きだそうとしたのですが駄目でした。今わの際にでもなれば、枕元に呼んで教えてくれるかもしれませんが」

私はこの話を聞いて、そのおやじさん、本物の釣り師だと思いました。釣り師が自分の釣り場を明かさないというのは、けっしてケチでそうするのではありません。苦労して見つけた川を、心ない釣り師に入られて荒らされたくないからです。本物の釣り師なら釣果は二の次、川という恋人と密会して、釣りという会話を楽しめばいい、私はそう考えています。

ところで、私の場合ですが、本格的に溪流釣りをはじめてから二十年間というもの、ずっといい釣り場をさがしだすことに苦心してきました。その方法というのがちょっと変わっているので、ご参考までに紹介しましょう。

私の釣り場さがし（主にヤマメの場合ですが）は、まず地図を読むことからはじめます。最初に、海に直結する一本の川に目をつけます。それは人にすすめられたり、仕事で近くへ行ったときに見てきたり、カンに頼ることもあります。このカンも、意外に当たることが多いので、馬鹿にできません。

次に、さしあたって観光地図とかガイドブックの地図を見て、下流から川を追っていきます。これで沢の状態、深さなどがだいたいわかりますから、脈のありそうな一本の沢に目をつけるのです。

沢に目標を定めたら、こんどはそれの出ている五万分の一の地図を買ってきます。これには崖ですとか滝、沢の蛇行のようすなどが詳しく出ていますから、じっくりと研究します。

このとき、意外に役立つのがハンター用に作られている地図です。川もごく細い支流までのっていますし、地形も詳しいので便利です。また、鳥類の分布などものっていますから、これもアテにできます。魚を餌にする鳥がいるので、その鳥を目標にするというわけです。

こうして、何度も丹念に地図を見ているうちに、あたりの地形などはだいたい頭に入ってしまうのです。

地図を調べるまでが第一段階とすれば、次の段階は実際に川を調べることです。いままで未知のものであった川は、ここでその姿を次第に見せてきます。

いちばん確かなのは、実際に川に行ってみることです。河口だけではその川のほんとうの姿はわかりませんから、上流へさかのぼってみます。いちおう渓相を見て、まず石を調べます。大きさや表面の状態などを観察すれば、その川のことがある程度わかってきます。たとえば、上流へ行っても小さな石が多ければ、あまり見込みはありません。また、石についている川虫も判断の材料になります。

そして、次に水を飲んでみます。私は、仕事などで川の近くへ行ったら、入る予定がなくても水だけは飲んでみるのです。ヤマメという魚は、清流で、しかも平均水温十五度以下のところでないと棲んでいませんから、水を口にふくんでみるというのは大切なのです。

石と水、この二つを調べれば、ヤマメがいるかどうかはだいたいわかります。理屈でなく、カンで判断がつくわけです。

このように、実際にその川へ行ってみることができる場合はいいのですが、遠隔地で行く機会にめぐまれない場合も少なくありません。そんな場合に、私が使う奥の手は電話作戦です。

地図を見て、めざす沢の近くにある村落に電話をかけます。もちろん、見ず知らずの家にです。番号は、役場の観光課や釣り具屋、漁業組合など、あらゆるところへ、わけをいって教えてもらうのです。あるいは、仕事でその地方へ行ったとき、電話帳で村全戸の番号をメモしてくることもあります。

こうして、全然知らない家に電話して、「ヤマメは釣れますか」と聞くのですが、初めのころは失敗もありました。たとえば、「ヤマメなんて魚はいない」というのです。「〇〇という魚ならいるが、ヤマメというのは聞いたことがない」という返事がかえってきます。

しかし、そこは絶対にいると聞いていたので、いろいろ粘って聞いてみると、呼び名がちがうことがわかりました。北海道や東北ではヤマベ、北陸のほうではアマゴといった具合です。タネを明かせば簡単なことですが、初めはそのことに気がつかなくて、苦労しました。いや、これでなかなか、釣りというのは馬鹿じゃできません。

また、いくらヤマメのたくさんいる沢の近くに住んでいても、釣りはやらないという人だっています。

昔調べた川では、村全体が海釣りはするが川釣りはしないなんてことがありました。そんなところで「ヤマメは釣れますか」と聞いても、「さあ、知らないなあ」といわれるのがオチです。そこで、「石はどのくらいの大きさですか。水はうんと冷たいですか。飲み水にできますか」と聞きます。「変なことを聞くやつだ。保健所の者か」と思う人がいるかもしれませんが。

電話はたいてい一軒だけでは用が足りず、多いときは十数軒かけたこともありました。

文章で書いてもこれだけ大変なのですから、実際にこの作業をやるとなると、まず最低で二年はかかります。それも仕事の合間にするわけですから、どうしても時間がかかるわけです。しかし、これだけ情熱をそそぐと、川が〝まだ見ぬ恋人〟のように思えて、いっそう恋心がつのるのですから面白いものです。

いままでに、こうして調べた川は十指に余りますが、それぞれに思い出があり、再会してみたい川もあります。関東近県とか中部とか、やはり交通の便も考えるので近い川が多いのですが、いちばん遠くへ行ったのは、北海道の美利河《ぴりか》温泉でしょう。

また、私は、自分で見つけた川へは何度も通いつめます。ですから、その土地では私のことが、結構知られるようになることだってあります。私が穴場にしていたある川にほかの釣り師が入って、村の人に「釣れましたか」と聞かれ、「釣れない」と答えたそうです。すると、その村の人が、「いや、この川は釣れるはずですよ、歌丸さんが来ているのだから」。そんなふうにいわれると、やはり嬉しいものです。

秘蔵の川

釣り師という人種は、水さえ見れば釣り糸を垂れたくなる、不思議な習性を持っています。

「釣れますか?」

「ハァ、朝からやっているんですが、まだ一匹も」

「そうかもしれませんねえ。ここは、夕べの雨で水がたまったんだから」

こんな落語があるくらいですが、そういう私も他人のことは笑えません。

地方へ行って汽車や自動車の窓から外の景色を見ていると、都会では見られない、羨ましいほどの川や池や湖が目に入ります。そんなとき、なぜか私の目玉は、水のあるほうへあるほうへと自然に引き寄せられていくのです。

仲間たちは、「歌丸さんと汽車に乗ると、川があるたびに窓に顔をくっつけてジロジロ見るんだから」と笑います。でも、私にかぎらず、釣り師とはみんなこんなものではないでしょうか。

しかし、この変な習性のおかげで、ときには素晴らしい幸運にめぐりあうこともあるのです。たとえば私の場合、伊豆のK川がそれでした。

もう十五年も前のことになりますが、仕事で伊豆半島へ行ったとき、海のそばの国道を車で通りました。途中、小さな橋があって、渡るときにひょいと下を見ると、浅い川が流れています。なぜかそのとき、私の頭にピンとくるものがあって、帰りにもう一度通ったさいに、車を止めて川へ下りてみました。

深さはせいぜい三十センチで、河口ですから潮の上げ下げもあり、おまけに土砂が堆積していてチョロチョロ流れ。しかし、少し上流へ歩いてみると、水がものすごくきれいなうえに、ヒンヤリとしています。私は第六感で、「ヤマメがいるな」と思いました。

そのときはあとの予定の都合でそのまま帰ってきたのですが、どうしてもこの川のことが忘れられません。そこで、例によって、伊豆の地図を買ってきて調べました。

名もないような小さな川ですが、地形を見ると、ヤマメがいても不思議ではありません。それから、電話帳を見て、見ず知らずの家へ電話をいれてたずねました。一軒目、二軒目、「いやあ、そんな魚、いるかどうかわからないなあ」と頼りない返事。「釣りはやりませんか?」と聞くと、「やるけど、オレたちは海ばっかりだ」といいます。そして、四、五軒目でやっと、「名前は知らないけど、それらしい魚はいるよ」と教えてくれました。

そんなこんなで、「じゃあ」ってんで思いきって入川したのが、調べだして八年目のことです。こう書くとあっという間の出来事ですが、二十九歳の私が三十六歳になっていました。

実際に行ってみて驚いたのは、河口と上流とでガラリと川相が違うことでした。河口から一キロもさかのぼると完全な渓流で、大岩がゴロゴロしていますし、小さな堰もいくつかあります。川底の石をひっくり返してみると、嬉しいことに川虫がたくさんついていました。

そこで、勇んで釣りはじめたのですが、いきなり二十六、七センチもあるアマゴがハリに飛びついてきたのです。いや、感激というかびっくりというか。いまでもあの感触は忘れられません。

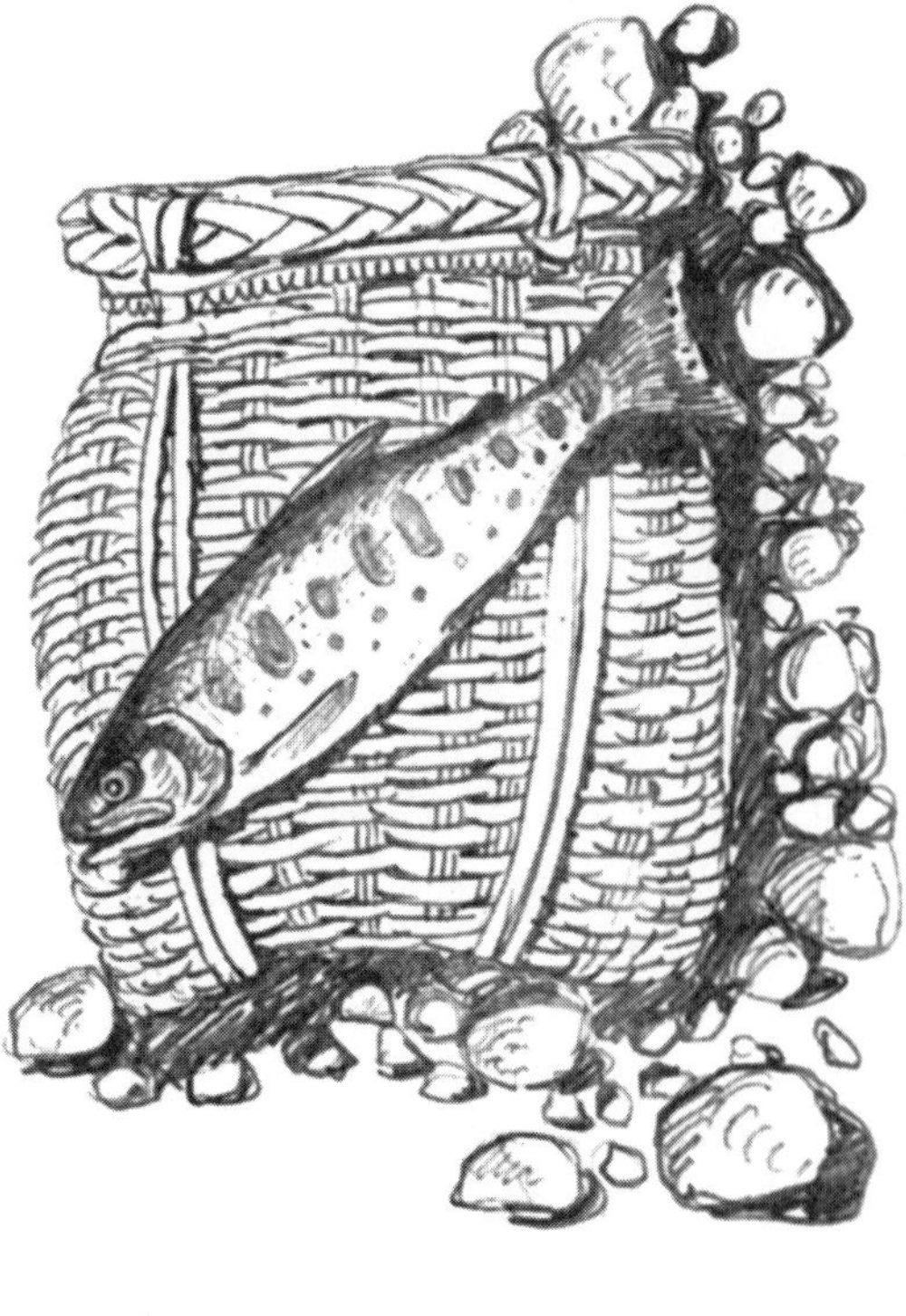

結局この日は、同型のアマゴばかり計五匹もビクにおさめ、二十センチ以下のもの三十匹以上を再放流して、意気揚々と帰ってきました。

それ以来、この川へは四、五、六の三カ月は毎年欠かさず通いました。少しずつ足をのばして上流のほうをさぐりましたが、行くたびに新しい発見があって飽きなかったものです。それというのも、この川は上流で二股に分かれており、片方の沢は途中に滝があって、私はそこが魚止まりだとばかり思っていたのですが、ある日思いきって滝を巻いてさらに上へ行くと、そこでかなり型のいいのが釣れたのです。ここからまたさかのぼると、再び二股に分かれ……と毎回、新しい川に入るような興奮を味わいました。

また、数年間というものは、ほかの釣り師には一人も出会わなかったのですから、まさに私の秘蔵の川だったわけです。

しかし、この釣りには、ちょっとした後日談があります。

私は「釣り場は自分でさがせ」の主義ですから、人からも教わらないし、人に教えることも好みません。ただ、この川のことは、頼まれて雑誌に書いたことがありました。もちろん川の名前は伏せて、川相や「海に直結している」などの特徴だけをおおまかに書いておいたのです。

ところが、ある日釣り下ってくると、二人の釣り師にバッタリ出会いました。そして、私の顔を見るなり、「やあ、歌丸さんでしょう。とうとう見つけた。釣れましたか?」と聞くのです。ここでシラを切るほど、私は悪い人間じゃありません。問われるままに、ポイントから何から、知っていることを全部教えてしまいました。

なんでも、この二人は、私が書いた雑文を読んで、伊豆中のそれらしい川を「あれかこれか」と訪ねあるいたというのです。そして、運よく（私にとっては不運にも）現場を押さえたというわけです。

この瞬間に、K川は私の秘蔵の川でも穴場でもなくなってしまいました。まあ、いずれはこうなるだろうと覚悟してはいましたが。

その後もK川には、しばらくのあいだ通いました。が、数年後、こんどは村がこの川の川底をさらい、村営のマス釣り場を作るにおよんで、ついに私はK川での釣りを断念してしまったのです。

おそらく、いまではあの素晴らしいアマゴたちも、全滅してしまったのではないでしょうか。

穴場さがし

趣味道楽の世界というのは、余人には測りがたいものがあるようです。「なぜ山に登るのか」と聞かれて、ある登山家は「そこに山があるから」と答えた……という有名な話があります。わかったような、わからないような話ですが、山登りをする人にとってはこれが名言だというのですから、門外漢にはお手上げです。

ところが、釣りの世界ではこんなのは通用しません。「なぜ釣りをするのか」と聞かれて「そこに魚がいるから」と答えられるのは釣り堀の場合だけで、海でも川でも、魚がいるのかいないのかさっぱりわからないのがふつうです。

こんなふうに、釣りというのは、かならず釣れるという保証はないのですから、考えてみれば不思議なスポーツです。私が長年かけて調べた川にしたって、かならず釣れるというわけではありません。だいたい打率は七割といったところですから、まあかなりいいほうだとは思いますが、それでもボウズで帰ってくることだって多いのです。

しかし、何度も通っているうちに、釣れるようになってきます。一遍行って釣れないと、もうその川を諦めてしまうようでは、川もいい顔を見せてはくれません。何度も足を運べばポイントもわかり、無駄に竿をだすこともなくなります。

それに、私の経験によれば、「手持ち」の川は、四本くらいがちょうどいいと思います。あまり手を広げてアッチもコッチもとやると、成績は芳しくないようです。

最近の私は奥利根のイワナに惚れ込んでいるのでほとんど浮気をしませんが、以前はつねに四、五本の川を調べていました。ふだん通っている川のほかに、なおかつ未知の川に思いを寄せていたのですから、相当な浮気者だったわけです。

ただ、私ももう若くはありませんし、あまり長い時間をかけて調べていると腰が曲がっちゃうといけません。そう思って、途中で断念してしまった川が何本もあります。八ヶ岳山中に源を発する信州の柳川や、佐渡の浦川などがそうですし、ヤマメの宝庫だという北海道の湿原の川にも、ずっと以前から憧れていました。いまでも機会があれば、巨大なイトウが棲むというその原野の川へ行ってみたい気持ちがあります。

ところで、私の場合、一つの川に通いつめて新しく発見したことは、その都度地図に書き込んでいました。ですから私の地図は、どれもマルだのバツだのという書き込みがものすごくあって、しまいには自分でもわからなくなるくらいでした。いま通っている奥利根の地図には、ポイントのほかに猿や熊の出る場所なんてのも、ちゃんと朱色で記入してあります。

こんなふうに、何度も同じ川へ入り、気づいたことを地図に書き込んでおくと、あんがい他人が見落としているポイントを見つけることがあります。

ヤマメやイワナというと、何でも上流へ上流へと行かなくては釣れないものだと思っている人が多いのですが、かならずしもそんなことはありません。私などは、沢へ行ってみて今朝入った人がいるなと思うと、逆にダーッと下へ下りてしまいます。それから最初の地点まで釣り上がっていくのですが、数も型も、上へ行った人よりずっと釣れたということがよくあります。上から下りてきた人が、私のビクをのぞいてびっくりなんてことは、別段珍しくはありません。

昔、東北のほうで、車がブンブン行き来している国道の下で立派なヤマメを釣り上げたことがありましたが、そうやって自分で穴場をさがすというのも、溪流釣りの楽しみの一つです。

穴場といえば、一度死んだ川で、いつのまにかその後生き返っていたというのが結構あります。たとえば、奥利根のある沢は、戦前上流の鉱山から毒水を流したために魚がすっかり死に絶えていました。ですから釣り師も入りませんし、地元の人も行きません。ところが、鉱山が廃止になって何十年かすると、川の水がきれいになり、下流から魚が上がって、いつのまにか立派な溪流によみがえったという例があります。

そんな沢を見つけると、思いがけない拾い物をしたように嬉しいのです。

また、これは渓流ではありませんが、ヤマベや小ブナの釣れる川でも同じような経験をします。昭和三十、四十年代に工場の廃棄物などで汚れてしまった川が、きびしい規制によって再びきれいになってきたわけです。なかには、昔以上の釣果が得られる川もあるほどです。

私は「釣り日記」をずっとつけていますが、古いのを読み返しては「この川、もう一度行ってみようかな」と入ることがあります。もっとも、それで一度大失敗をしました。

多摩川の中流にちょっとしたワンドがあって、小ブナやヤマベの面白い釣りをしたことが書いてあり、久しぶりにここでのんびり釣りをしてこようと勇んで出かけました。電車の中で数年前のことを思い浮かべ、今日は小ブナにしようか、ヤマベにしようか、仕掛けはどんなものを使おうかなんて、期待に胸をふくらませて、さて、その場所に着いてみて驚きました。川のカの字もなく、昔あったところには大きな団地が建っていたのです。

鉄筋コンクリートの建物のあいだを釣り竿をかついでウロウロと歩いて、大恥をかいたものです。

奥利根の大イワナ

十数年間、ヤマメとアマゴを追って、関東から中部、北陸、東北、そして北は北海道まで釣り歩いた私ですが、ここ七年ほどは奥利根の溪流一本にしぼって通いつめています。

ここはイワナが釣れます。それも、とてつもなくでかい奴がひそんでいるといわれています。これまでの私の記録は四十一センチですが、三尺、一メートルに近い大イワナを釣り上げた人がいて、これはちゃんと魚拓にもなっているそうです。

利根川水系といえば、上は水上山のひとしずくにはじまり、末は銚子の河口にいたる大河川です。そこに大木が枝を広げたように無数の沢が散らばっているのですから、どんな大物がいようと不思議ではありません。

ここへは七年前に、群馬在の知人の案内で初めて入りました。行ってみると、八月だというのに谷には大きな雪溪があり、溪の水は澄みきって冷たく、まさに大自然がそのまま残っているという素晴らしいところでした。

最初は四人のパーティで、四泊五日がかりで行きました。人家などのまったくない原始林のなかですから、めいめいがキャンプ道具と食糧を背負い、現地で山ごもりをして釣りました。途中、道らしきものがあるのはいちばん奥の集落から三十キロまでで、そこまで行くのに、山岳部なみの健脚で約八時間かかります。その先はヤブをこいだり、谷川を渡渉したりしてさらに半日ほど歩くと、ようやく目的の沢の入り口に達します。

こんな奥まったところですから、単独行ではとても入ることができません。また、危険でもあります。私たちは真夏に大きな雪渓を越えたのですが、最後尾の一人が渡り終えたとたんに、大音響とともにこの雪渓が崩れ落ちて、肝を冷やしました。もし上に乗っているときに崩れていたら、大怪我をするか、へたをすると命を落としていたかもしれません。ですから、それ以後、私たちは雪渓のあるところはかならず避けて通るようにしています。

また、このあたりは、関東近県の渓とちがって、長大な沢の多いのが特徴です。枯れ沢や小さな渓も数多くありますが、一般に谷が深く、両側がきりたっているので、上の尾根からは下りられない沢がたくさんあります。したがって、ふつうは沢の入り口から入り、渡渉したり高巻きをしながら遡行しますが、大イワナがいそうな大きな沢は本格的な登山用具がなければ越えられない崖や滝が随所にあるため、途中から諦めて引き返してくることも少なくありません。

それで一度、ヘリコプターを雇ったらどうだろうという話がでて、私が関係方面へ問い合わせてみたことがありました。ところが、ヘリを飛ばすためには、地形その他いろいろとうるさい規定があるうえ、一人当たり二十万円以上の費用がかかるといいます。

イワナを釣るために二十万円！　私たちは、もちろん即座に諦めました。

ここの魅力は、なんといっても手つかずの大自然と、大型のイワナが釣れることです。川の状態がいいときには、かなり数もでます。私の一日の釣果は最高で四十一センチを頭に三十四、仲間の伊藤名人は四十センチを頭に三十五匹あげたことがありました。

ちなみに釣り方を紹介しますと、私の仕掛けは道糸が一号で、ハリスが〇六。これでたいがいの奴は、河原へ引きずり上げてしまいます。ヤマメ釣りでは〇四、〇三なんて細いハリスを使いますが、イワナの場合は心細くていけません。大型がよくでる六月ごろは、少し太くして〇八です。

ところが、土地の人たちに聞くと、三号のぶっ通しを使うというのですから驚きます。東京の釣り師は一般にみんな細仕掛けですが、「そんなもんじゃ切れちゃうよ」

と一笑されてしまいました。ここのイワナはスレていませんし、三尺の化け物がいることを考えると、たしかに土地の仕掛けのほうが理に叶っているかもしれません。また、足場の悪いところが多いので、抜き上げるためには太いハリスのほうが有利でしょう。

餌は、ブナ虫かキジ。私は予備にブドウ虫を持っていきます。しかし、八月九月のむずかしい時期を除けば、私の場合は九十パーセント、キジを使って釣果をあげています。そのキジも、釣り具屋で売っている細いやつより、堆肥の中にすんでいる天然の太めのキジのほうが食いがいいので、いつも現地へ行く途中の農家で仕入れていきます。

ブナ虫はイワナ釣りの最高の餌ですが、発生する年としない年があります。土地で聞くと、奥利根では三年に一度くらいの割で発生するそうですが、このブナ虫が出ると、イワナはほかの餌を見向きもしなくなります。

ですから、川岸にブナの木が生えている場所は絶好のポイントで、枝からポトポト落ちてくるブナ虫を狙って、淵に大小のイワナがまるでハヤなみに群れている場所に出くわすことがあります。こんなときはそれこそ、願ってもない大釣りのチャンスになるわけです。

ブナ虫が出ないときは川虫もいい餌ですが、この一帯の沢はなぜか川虫が小さく、数もあまりとれません。そのため一時、東京近郊でとったやつを、ブクブクで生かすか冷凍にして持っていたらどうだろうかと考えたこともありました。ただ、冷凍は溶かしたときに虫がやわらかくなってしまうと駄目なので、まだ試してはいませんが。

また、不思議なことに、ここのイワナはイクラを見向きもしないので、これを知らないで行くと釣りになりません。土地土地で、同じイワナでも食性がちがうということでしょう。

私もいろんな餌を試してみましたが、季節や水色などによって、そのとき食う餌と食わない餌があります。ですから、これは溪流釣りの常識ですが、いちばんいいのはイワナにしろヤマメにしろ、一匹釣ったらかならず腹を割いてみることです。そうすると、そのとき何を食べているかがすぐわかります。ブナ虫の時期は、胃袋の中にブナ虫しか入っていないものです。

それで一度驚いたのは、イワナの腹からイワナが出てきたことがありました。ということは、ほかに餌がないわけです。台風とか渇水などで川が荒れたときには、ときどきこんなことが起こります。

ところで、仕掛けについてですが、私の場合、市販品はいっさい使いません。かな

らず自分で結んだものを使います。ずっと昔、それで懲りた経験があるからです。型物を掛けて引き合っている最中にブッツリとやられて、「この会社、訴えてやろうか」と思ったくらい、腹が立ちました。

　渓流釣りでは、千載一遇のチャンスというのが、いつ何時訪れるかわかりません。ですから、仕掛けにはつねに細心の注意をはらうようにしています。自分で研究した餌、あるいは仕掛けで釣れたときはほんとうに嬉しいものです。

私の釣り仲間

こと渓流釣りに関していうと、昨年（昭和六十年）くらいツキに見放されていた年はありません。春先の水不足、夏の大渇水、それに加えて釣り仲間の不幸など、予想外の出来事の連続でした。

　例年、利根には、六月から九月までの四カ月間に、月平均五日ないし一週間は入ります。ですから、通算すると、一年間に二十日以上はここのイワナ釣りを楽しんでいたのですが、そんなわけで昨年は、六月に一度行ったきりで終わりました。

不幸というのは、私の友人であり渓流の仲間だった堀さんが病気で倒れ、短い闘病生活のあとで亡くなってしまったことでした。丈夫な人でしたが、病気には勝てなかったわけです。いつも一緒だった釣友を失うというのはほんとうに淋しいもので、その弔い合戦に、昨夏同じ渓流仲間の伊藤さん、小川さんと三人で利根に入る計画を立てたのですが、渇水のためにお流れになってしまいました。

堀さんという人は横浜の私のご近所に住む大工さんで、私の家もこの人に建ててもらいました。もともとの趣味は海のアクアラングで、釣りは知らなかった人ですが、ひょんなことから、私が渓流の釣りに誘いこんだという因縁があります。

奥利根に行きはじめてからの数年間、私たちはキャンプ道具を背負って入っていたのですが、その行き帰りに立ち寄っていた村に露天の温泉風呂があり、下山してからここで汗を流すのが、楽しみの一つでした。

ところが、あるとき堀さんが来て、群馬のほうに温泉つきの土地を買って、山小屋をこしらえたといいます。へえ、いいねえ、どんなとこ、といろいろ聞いてみると、近くに露天風呂があったりダムがあるなど、どうも私がベースにしているところとそっくりなのです。

結局、堀さんの山小屋というのがまさにその村であることがわかって、「いいよ、いつでも好きなときに使いなさいよ」と、願ってもない話になりました。そして、しぜんな成行きで、堀さんも私たちの釣りに同行するようになったわけです。それまではなにせ重装備の山ごもりですから、年に一、二回も行ければよいほうでしたが、この山小屋がベースになってからは月一回の割合で入れるようになりました。

こうなると、堀さんは人一倍ものに熱中するタイプですから、溪流の道具を買いそろえ、ひと夏に二回、三回と出かけるようになります。堀さんが行けないときは、私やほかの釣友が山小屋を借り切って使うという具合で、ずいぶんと重宝させてもらいました。ですから私たちは、温泉つきの家にタダで泊まって、そこから毎日イワナ釣りに行くという大変贅沢な釣りができたのでした。

この堀さんが溪流釣りにのめりこんだきっかけというのが、ビギナーズ・ラックというのか、初めての溪流釣りで尺イワナを釣り上げたことでした。

職業が大工さんですから山小屋を作るにも自分で資材を運び、自分の手でコツコツと建てていたのですが、その間に地元の人に教わってハヤ釣りを覚えたのだそうです。ハヤですから、ダムサイトとか近所の川で遊び半分に釣っていたわけでしょう。そこで私たちが溪流に入るとき、「堀さんもイワナ釣ってごらんよ、ハヤよりずっと面白いよ」と誘いました。

そうしたら、初めて入った沢で堀さんが青い顔をして戻ってきました。「どうしたの?」と聞いたら、「見てくれ、こんなのが釣れちゃったよ」と三十数センチのイワナをビクから出して見せるのです。「すごいねえ、もっと上へ行ったらまた釣れるかもしれないよ」とすすめたら「足が震えて歩けない」といいます。それからはもう、お定まりのコースで、イワナ釣りにすっかり狂ってしまいました。

太った人で、高巻きなんかは苦手でしたが、沢渡りは上手でした。職業柄というのでしょうか、足場の悪いところを歩くのは平気なようで、ほかの者が尻込みするような場所を軽々と渡ったものです。

また、イワナに凝ってからは熱心に釣りの本を買いあさって、その地方でなければ手に入らないような奥利根の沢の詳しいガイドブックなどを一生懸命研究していました。頼まれて、私が地方へ仕事で行ったときに、その種の本を見つけてきてあげたこともあります。

考えてみると、釣りの仲間というのは妙なものです。性格はもちろん、職業も年齢もまちまちなのに、不思議とウマの合う者同士が集まります。また、そうだからこそ釣りが楽しくもあり、長続きするのかもしれませんが。

私は徒党を組むのが嫌いなので、釣りには一人で行くことが多かったのですが、奥利根にはいつも四人のグループで出かけました。私と堀さんのほかは、群馬・富岡の人で伊藤さん、私のご近所の甘味屋「江戸屋」のご主人の小川さんの四人。伊藤さん以外は地元横浜の昔なじみで、「歌丸旅行会」などのお付合いを通じて釣り以外の親交を重ねてきたという間柄です。

伊藤さんは洋品や呉服などを商売にしている人で、群馬県内の各地を歩いているため利根の地形には滅法詳しいという、いわば私たちのガイド役でした。

ところでこの人は、私たちと出会うまではものすごく原始的な渓流釣りをやっていたという面白い人です。商売で出かけたついでに、普段着に革靴の恰好のまま奥利根の谷へ入り、木の枝を釣り竿がわりにしてイワナを釣るという、まるで縄文時代の釣り師のようなことをしていました。しかも、それでどんどん釣り上げるのですから呆れてしまいます。

私たちと一緒になってからは、道具類を整えていちおう渓流師らしいスタイルになりましたが、それでもリュックなどは私がすっぽり入ってしまうような、終戦直後のかつぎ屋みたいな時代物を背負っていました。息子さん二人が大学の山岳部だというだけあって、ご本人も猿もどきの身の軽さです。私は高巻き、渡渉などの技術は、この人を見習って覚えたことがずいぶんあります。

もう一人の小川さんは、私たちのなかで最年長。しかもこの人はイワナ釣りはやらず、もっぱらコイ釣り専門という変わった渓流仲間です。それというのも、最初に奥利根に入ったとき、沢の入り口で小川さんがイワナの仕掛けで五十数センチのコイを釣ってしまいました。それ以来「コイのほうが面白い」といって、一緒に沢の入り口までは行くものの、いつも一人だけそこへ残ってコイ釣りをしています。

こういう四人が集まると、いつも小学生が四人集まったような屈託のない、無邪気な雰囲気になったものです。

釣行が決まると、私たちはたいてい、前日の夕方から夜にかけて、堀さんの山小屋に集合します。私と堀さん、小川さんの三人は横浜から、伊藤さんは群馬の富岡から駆けつけてきて、「やあやあ」ということになります。それから食事もそこそこにさっそく翌日の仕度にかかるのですが、早く寝ればいいものを、「どの沢に入ろうか」などと相談がはじまったりして、寝るどころではありません。こうして、モヤモヤしているうちに夜が明けはじめ、「さあ、行くよ!」と、竿をかついで飛びだします。

また、釣り師というのは、集まると釣り以外の話はしない、おかしな人種ですが、私たちの場合もそうでした。

川へ入るまでは、仕掛け、ポイント、餌の心配。お天気のことや水量のこと、熊のこと。「釣れるかな」「イヤ、まかしとけ」「ナニ師匠、またオデコなんじゃないの」などと、賑やかに話しながら出かけます。

釣っているあいだだけは無口ですが、帰ってくるとこんどはカンカンガクガクの反省会。まあ、たいていは残念会になりますが、そんなときでも、明日に期待をかけて炉端の話題は尽きなかったものです。

それからまた、山小屋で誰いうとなく「オコゲのごはんが食べたいな」といいだして、堀さんが山菜を煮るのに使っていた鉄のお釜を持ちだし、男四人でコゲめしを作って舌つづみをうったこともありました。それに味をしめて、次からは鍋釜を山の中にかつぎこんで大騒ぎをしてめしを炊いたり、山で食べる即席ラーメンの旨さに改めて驚いたり……まるで大人の遠足みたいでした。

堀さんの山小屋には、私が頼まれて『釣溪荘』と名づけましたが、ご本人は「いい名前だ」と喜んでくれていました。ご遺族が堀さんの没後もいままで通りに使ってほしいといってくださり、私たちは感謝しています。肝心の主がいなくなって淋しいかぎりですが、今年は堀さんのぶんまで頑張って、ぜひ念願の大イワナを釣り上げたいものです。

湖のイワナと沢のイワナ

渓流の釣り師なら誰でもそうでしょうが、釣行のさいの最大の関心事は、目的の沢に先行者がいるかどうかということです。沢に一歩踏みこんでみて、まだ誰も入っていないことがわかったときほど嬉しいことはありません。反対に先行者の痕跡が残っていたりすると、目の前が真っ暗になります。

ヤマメ、イワナは並外れて警戒心の強い魚ですから、人が釣ったあとは、しばらく間をおかないと釣れません。ひどい場合は、朝誰か一人でも入渓すると、その日一日は釣りにならないという川もあります。足の便がいいため年中攻められている東京近郊の渓流などは、最近いよいよその傾向が強いようです。

その点、奥利根は広大なうえに釣り師の数もまだまだ少ないので、スレていない、オボコなイワナがたくさんいます。ですから、ほかの川ほど神経質になる必要はありませんが、やはり渓流だけあって人の足音には敏感で、先行者が乱暴な釣り方をしたあとはパッタリ釣れなくなってしまいます。

私の経験ですと、魚は人の声にはさほど驚かないようです。大声を出してはいけませんが、ふつうに話すぶんにはかまわないようです。しかし、足音をたてるとその振動が水中に伝わり、魚の警戒心を刺激します。ですから私たちは、ポイントの近くはそれこそネコのように忍び足で歩きます。

また、何人かのパーティで行くとき、渓流ではよく目印を決めて、「ここは釣ったよ」という仲間同士の合図にします。それで、淵や落ち込みなどのポイントには、川岸によく石が積んであったりします。あるいは、木の枝を突き刺していく場合もあります。

この合図に、私たちはフキの葉を使っています。手近のフキの葉を一枚ちぎり、上に小石を一つのせておくと「もう釣りました」というシルシです。フキはどこにでも生えているし、石とちがって数日もすれば枯れて腐ってしまいます。だからいつ置いた目印なのか、すぐわかるという利点があります。

それから、私たちの場合、前日に入った沢は翌日は休ませて別の沢へ入ります。奥利根にはそれこそ無数の沢があるので、選択に困るということはないわけです。そうやって一、二日間隔をあけると、同じポイントでまた釣れてきたりします。

イワナはあまり移動しない魚だという人がいますが、それは状況によってちがいます。季節、天候、水量など、いろいろな条件に影響されるようです。

たとえば、一匹かせいぜい二匹しか棲めないような小さなポイントで、釣り上げたあとにまた別のイワナがいつのまにか棲みついていることがよくあります。棲みついたのか、さかのぼる途中でひと休みしているのかわかりませんが、とにかく新しいイワナが釣れてくるのです。

前の月に三匹いた淵に、翌月は五匹いることもあれば、まったくお留守になってしまうこともあります。

また、大雨が降って水がでたあとなどに、しばらくすると、下流から続々と魚がさかのぼってくるといったことも何度か経験しました。こういうときにうまくポイントに当たると、それこそ大釣りができます。

イワナがあまり移動しないのは、水量が非常に少なくなったときですが、こんなときは魚も神経質になっているので、釣り方がむずかしくなります。ただ、イワナがいるポイントはどの沢でもだいたい決まっていますから、何度も同じ沢に通っていれば、状況によって釣れる釣れないが判断できるようになります。それはたとえば、人間の社会で「あの人は何時ごろはいつも家にいる」といったりするのと同じことで、魚とのお付合いが深くなればしぜんとわかってくるわけです。

ところで、私がいつも行く沢は、下流で大きなダム湖に注ぎこんでいます。この注ぎ口のあたりで、大きなイワナの姿を見かけることがあります。こんなふうに、イワナが沢の入り口でウロウロしているのは、さかのぼる時期を待っているわけです。

ですから、ダム湖でも、釣ろうと思えばイワナが釣れます。ただし、沢釣りの仕掛けでは駄目で、行ってこい式のウキをつけ、タナをとって、リール竿で釣ります。

以前ここで、この釣り方で四十センチほどのイワナを釣り上げたという、二人連れの学生さんに出会いました。見せてもらうと、たしかに型は大きいものの、腹がかなり痩せていました。まだ沢にさかのぼるだけの体力が、十分についていない魚だったわけです。一方、このときの私の釣果は三十センチを頭に五、六匹。しかし、沢のイワナですから、丸々と太って重量感があります。で、この学生さんいわく、「私たちのほうが型はいいけど、溪流で釣った歌丸さんのほうが値打ちは上です」なんて褒めてくれました。いや、若いのに謙虚な人だと感心したものです。

私も昔、川俣湖でリールでヤマメ釣りをしたことがありますが、やはり釣趣は沢の釣りにかないません。また、沢には自分でポイントをさがすという楽しみがあります。そんなわけで、ダム湖で大物を見かけても、素通りしてどんどん沢の奥へ入っていきます。

逃がした魚は大きい

イワナという魚は、型ものになると腹が太く、どっしりとした重量感があります。こういう河原で相撲をとるような奴を、私たちの仲間は「ドッタンバッタン」と呼んでいます。「明日はドッタンバッタンが何匹くるかねえ」なんて話しながら、いろりを囲んで、飲める人は酒を飲み、飲めない私は仕掛け作りをする。これも山小屋の夜の楽しいひとときです。

私たちは、「二十センチ以下が釣れたら再放流」と決めています。浦島太郎じゃありませんが、そうやって放流したイワナが大きくなって、もう一度ハリを追う姿を想像すると、なんとなく楽しくなります。

ただし、この決まりには少々オメコボシがありまして、全員がオデコになりそうなときに限り、二十センチ以下でも一匹だけ持ち帰ってよいことにしています。晩のおかずにするわけですが、こんな場合はイワナに「スミマセン」と手を合わせてからビクに入れます。

奥利根では、一人一人が別々の沢に分かれて入ることはめったにありません。私たちが入る沢はたいてい深いので、上、中、下流に分かれるだけで、十分釣りになるからです。ときには、前の人がさぐったポイントを追いかけてさぐる場合もあり、最後尾の人が釣れたなんて、おかしな現象も起きるから面白いものです。

ある沢の小さな落ち込みで、最初に伊藤さんが二流ししましたが釣れません。次に堀さんが行って、こんどは丹念に探ったもののこれまた不発。最後が私の番で、「ここ駄目、いないよ」というのを、ものは試しと流してみました。

一流し目は、前の二人と同様、キジ餌でやってみました。上から静かに仕掛けを入れ、ポイントのところまでくると、岩陰から二十センチほどのイワナがスッと出てきました。しめた、と思いましたが、餌のそばまでくるや、反転して元の岩陰へ。そこで私は、隠し持ったるブドウ虫を取りだし、縫いざしにしてハリにつけ、スーッと流すと一発で見事にハリ掛かりしました。

悔しがる二人を横目で見て、いや、気持ちのよかったこと。これだからイワナ釣りはこたえられません。

こんなふうに、イワナ釣りは意外性に富むというのが一つの特徴で、それがこの釣りの面白さでもあります。一見して水たまりのような、どう見ても魚のいそうにないところから、思いがけない大物が飛びだしてくることがよくあるのです。それで一度、

記録ものを取り逃がすという失敗をやりました。

一昨年のことですが、川幅が広くて、岸に流木が積み重なっている足場の悪いポイントに出くわしました。流心は急流で、両岸の近くがトロンとしています。で、川の中を見ると、小さな石が一つありました。いるとすればあの石の陰だろう、しかし小型だろうなと思いながら、上から静かに仕掛けを入れました。

と、石の向こうで目印がフッと揺れた次の瞬間、合わせた手元にグンという手応え。さあ、それからが大変でした。流心へのされるとおしまいですから必死に竿をためるのですが、ものすごい力でぐいぐい引きます。私は流木の中へ足を入れているので、上へも下へも動けません。

そうこうするうち、奴さん上流へ突っ走りました。上で見ていた伊藤さんが飛んできて、「師匠、ここだ、ここへ寄せろ」と叫ぶのですが、私は竿をためるだけで精一杯の状態です。そのうち今度は流心へ向かって走りだし、その途端にハリスをプッンと切られて一巻の終わり。

姿を見た伊藤さんの話ですと、五十センチは優にあったといいますが、私はもうガックリきて、河原へへたりこんでしまいました。

夜の山小屋で、「三号の糸にしときゃあよかったなあ」と、つくづく無念をかみしめたものです。

熊さんとご対面

昔、山陰地方の出身という人から、「うちの田舎で釣りをしてると、山から猿が見にきます」と聞かされて、「そりゃ動物園と逆ですナ」と思わず笑ったことがありました。まだ私が渓流釣りを知る以前のことです。

ところが、奥利根に行ってみると、これと似たことが実際にあるというので驚きました。ただし、見にくるだけならかわいいのですが、ここの猿は人の弁当を強奪しにくるというのですから、ひどいものです。

土地の人の話によると、釣り場に食べものを残していくと、猿が食べて、次から人を襲うようになるそうです。だから、猿が近くへやってきても、絶対に食べものを見せちゃいけないといいます。また、釣り場を離れるときは、ライターやタバコの銀紙を丸めたものなど、食べられないものをその場に残していく。そうすると、敵はそれを食べてみて、まずいから欲しがらなくなるというのです。なにしろ奴らは団体で来ますから、もしも襲われでもしたら無事ではすみません。とにかく、熊より猿のほうが、ずっと恐いということでした。

幸い私たちは、まだ猿と鉢合わせしたことはありませんが、近くで見かけたら、こちらから退散しようと思います。釣りに行って、猿に殴られて帰ってきたなんて、他人にお話しできません。

弁当どころか、釣ったイワナをごっそり盗まれたことがあります。

ある日、午前中だけで、型物を私は十四、伊藤さんも同じくらい釣れたことがありました。堀さんは甘露煮にするといってハヤを約三十匹。お昼を食べて、午後からの釣りには、ビクが重いので魚を置いていこうということになりました。腹を割いて魚をビニール袋に入れ、岩陰の清水の流れるところに置いて上流へ向かいましたが、戻ってみるとこの魚が一匹もありません。クチャクチャに破れたビニール袋だけが残っています。

それで、私たちははじめタカのしわざかと思いました。ここはよく、空の高いところをタカが飛んでいるからです。それにしてもあれだけのイワナを全部食うとはずいぶん大食らいなタカだ、飛べなくなってそのへんで寝てんじゃねえかなんて話しながら帰ってきたのですが、どうもフに落ちません。

で、この話を土地の人にしたところ、「そりゃ師匠、キツネだ」というのです。奴さんは食うだけ食うと、残りは土に埋めて、ションベンをかけておくんだそうです。「あした行ったら掘ってごらんよ。魚、取りかえせるかもしれないよ」といわれましたが、キツネがションベンをかけたイワナなんか欲しかありません。その日は午後の釣果がゼロだったので、おかずなしの夕食という、とんだ結果に終わりました。

しかし、考えてみますと、奥利根は野生動物のすみかなわけです。そこへ人間が入っていくのですから、我々のほうが遠慮をしなくちゃいけません。私は、沢に入るときは「コンニチハ、ゴメンクダサイマシ」と挨拶をして入るのですが、それが礼儀ってものではないでしょうか。我々の釣ったイワナだって、ほんとうは動物たちの食糧であって、盗んでいるのは私たちなんですから。

そんなわけで、ここではじつにいろんな動物に出会います。猿やキツネのほかに、カモシカ、野ウサギ、タヌキ、マムシ、ヘビ。カモシカなんかは、交尾期になると、人が釣っている頭の上を、ドドドドッとすごい音をたてて飛びこえていくことがあります。

そして、きわめつきは熊。私たちは三年前の夏、この熊公のおかげで肝をつぶす思いを味わいました。

いつものように、私と山小屋のオーナーの堀さん、群馬の伊藤名人の三人で、通いなれた沢の一本に入りました。堀さんが上流を釣り、私と伊藤さんがその下まで釣り上がることにして、落ち合う地点を決めてから釣りはじめました。

で、私と伊藤さんが釣り上がっていくと、大きな崖に突きあたりました。川は崖に沿って流れているので、上へ行くにはこの川を渡らなければなりません。ところが、ここで伊藤さんが木の枝にハリスをひっかけて切ったので、新しいのを結ぶあいだに、私が先に立って渡りはじめました。

すると、突然後ろで伊藤さんが、「師匠、熊だ!」と叫びました。ハッとして振り向くと、伊藤さんの後ろのヤブから、中型の犬くらいの子熊がガサガサと出てきたところでした。これだけならどうってことはありませんが、子熊の近くにはかならず親熊がいるといいます。それから伊藤さん、子熊をシーシーと追い払いながら、大急ぎで竿をたたみました。私も川の中に立ちどまったまま竿をたたみ、伊藤さんが渡るのを助けようとしたまさにその瞬間、後ろのヤブから親熊が飛びだした。

いや、すごかったです、そのときの様子は。よく映画なんかで、熊があと足で立ち上がって「グワァー」なんて吠えますが、あんな悠長なものじゃありません。でっかい黒いかたまりが、ウワーッとヤブから飛びだしてきて、いまにも伊藤さんに食いつかんばかり。伊藤さんは竿を放りなげて川下へ突っ走り、私は急流の中をころげながら中洲へ向かって逃げました。

親熊ははじめ伊藤さんを追っかけたかと思うと、こんどは私のほうへ向かってきます。私は中洲へ竿とリュックをおっぽり投げて、一目散に対岸の山の中へ逃げ込みました。そのころ伊藤さんは、どこへ逃げたのか影も形もありません。

このとき幸いだったのは、親熊が子熊に気をとられて、私たちを深追いしなかったことです。しばらく川岸をうろついたあと、子熊を連れて元のヤブの中へ入っていきました。

しかし、それからがまた、ひと騒動でした。ヤブへ消えたというものの、どっちへ行ったかわかりません。まだ近くにいるのかもしれないし、上へ行けば堀さんがいます。ヤブのあたりは草もそよがず、音もせず、ひっそりとしずまりかえっているばかり。

そのときになって、やっと私は熊よけの爆竹や笛、警笛を持っていたことに気がつきました。警笛というのはモーターボート用のやつで、鳴らすとブワーッとすごい音がでます。

さあ、それから私は隠れていたブナの木の下で、あるったけの爆竹を全部鳴らしました。ちょうどそのとき、上流から何も知らない堀さんが下りてきて、向こう岸から「師匠ーッ、めしー？」。昼食の合図の音だと思ったらしい。「冗談じゃないよオ、オレたちがめしになりそこなってんだ！」と私。

そのうち、伊藤さんも下流から恐る恐る戻ってきましたが、もう釣りどころではありません。三人かたまって、山菜とりの人たちがつけた踏み跡を通って、爆竹、笛、警笛を全部鳴らして、バンバン、ピーピー、ブワブワとすごい音をたてながら下ってきました。

このときは三人だったからよかったものの、一人だったらどうなっていたか。それを考えると恐ろしくて、以後、別々の沢に分かれて入ることは、絶対やめようと申しあわせました。

ところで、おかしかったのは、私たちがやっとの思いで沢の入り口まで戻ってくると、ここでコイ釣りをしている二人連れに出会いました。で、「いま上で、熊が出ましたよ、気をつけたほうがいいですよ」といったら、「ハイ、大丈夫です」。いやや、驚きましたね、我々のほうが。大丈夫じゃないから教えているのに、すごい人もいるものだと呆れてしまいました。

地元には、熊にビンタを食わされて、顔半分がなくなった人もいるというのに、知らないって恐いものです。

ヘビの知らせ

奥利根のある場所に、長さ百メートルほどの小さな沢があります。突き当たりが滝になっていて、ここが魚止め。しかし、この滝壺がいいポイントで、私はいつも、型物を混じえて二、三匹は拾っていました。

あるとき、本流の沢を遡行していて、この沢の入り口まできたので、「ちょっとのぞいてくる」と仲間に言い残して、ご機嫌伺いに入りました。毎回かならず入る沢なので、よく確かめもせずに滝壺のそばへ行き、右手で竿を、左手で餌のついたハリをつかみ、さて振り込もうとしてギョッとしました。

滝壺の中に、長さ二メートルはあろうかというアオダイショウが浮いています。腹を上にして、滝の水に打たれながら水面を漂っているのです。一目で死んでいるとわかったのですが、そのまま私は動けなくなってしまいました。

あたりは森閑として、ザアザアという滝の音が聞こえるだけ。そのなかに、私と死んだ大きなヘビだけがいる。なんだか、死体安置室にいるような気持ちです。

さあそれから、竿を振りかぶったそのままの姿勢で、じりじり後ずさりをして沢の入り口まで戻ってきました。このときのたった百メートルの距離の長かったこと。仲間の伊藤さんが、「どしたい師匠、その恰好は」というのに返事もしないで、本流の上のほうへ逃げました。

私は何が嫌いといって、この世でヘビほど嫌いなものはありません。ところが、なぜか私だけが、頻繁にこいつと出会うのですから不思議です。なにか、前世の因縁でもあるのでしょうか。いやいや、そんなことを考えるだけで、背筋がスーッと寒くなります。

沢を歩いていて、ヘビに出会いそうなときは予感があります。うまく説明できませんが、なんだかいやーな感じがするのです。「虫の知らせ」ならぬ「ヘビの知らせ」というやつで、これがあるとまもなく奴さんが姿をあらわすのです。

ふつうはこの「ヘビの知らせ」があると用心しますし、遠くにちらっとでも見えたら逃げてしまいますが、カンが働かないと悲劇がおきます。

これも奥利根で、私一人が別の沢を歩いていたとき、バッタリこいつとぶつかってしまいました。相手は三十センチほどのマムシで、距離はたったの二メートルほど。相手も驚いたらしく、鎌首をもたげてジーッと私を見ています。

さあ、こうなっては逃げるに逃げられず、敵とにらみ合ったまま。まるで金縛りにあったようで、背中を汗がツーッと伝い落ちるのがわかります。

いったいどのくらいその姿勢のままでいたか。とにかくしばらくすると、ヘビのほうが向きを変えてスルスルと逃げていきました。その距離が十メートル以上開いたところで、こんどは私が一目散。

あとで考えてみると、相手が逃げたんだから、なにも私は逃げる必要がなかったのですが。

それから、神奈川の海老名の水路で釣っていたときも、こいつのでかいのが出ました。そのときの釣りものは小ブナですから、私は土手に坐りこんで釣っていました。そこはカエルの多いところで、あちこちでポチャンポチャンと、カエルが水に飛びこむ音がします。

で、私が釣っていると、すぐ脇の草むらでカサカサという音がします。「ハハァ、静かなんで、カエルのやつめ、安心して出てきやがったナ」と思っていました。そうしたらポチャンと水音がして、波紋が私の足元に広がってきた。

それで何気なく音のしたほうを見ると、でっかいアオダイショウが水面を泳いでこちらへやってきます。

いや、驚いたのなんの。離れていればそのまま逃げるところですが、こっちは坐りこんで釣っているし、気がついたときには、もう私の竿の近くまできています。動くことも、竿を上げることもできません。石の地蔵さんみたいにカチカチになって、ヘビが目の前を通りすぎて、向こう岸へ着いてから逃げました。

それにしても、わが日本国は、どうしてこんなにヘビの数が多いのでしょうか。

沖縄あたりでは、低い島は氷河期の前にいったん水没したおかげでハブがいないといいます。ですから日本列島も一度沈んでくれれば、ヘビがいなくなって具合がいいのですが。

そういったら、ある人いわく、「ついでに人間もいなくなっちゃう」。

そりゃ困ります。

ガマに吠えられて崖を落っこちた話

どこの何という博物館か知りませんが、ヘビを呑みこんだイワナをアルコール漬けにして陳列しているところがあるそうです。それで、その標本を見ますと、イワナの尻の穴からヘビの頭だか尻尾だかがヌッと出ているというのですから、恐ろしい話です。

ところで、私はこの話を聞いたとき、ハテと思いました。そのイワナは、誰が、どんなときに、どうやって釣ったのだろうか。食べた餌が余って尻からとびでているイワナが、また別の餌に食いついたとは思えません。どうも、考えてみると不思議な話です。

とにかくイワナは悪食の魚です。ヘビを呑むくらいは朝めし前で、私も昔、川俣湖でその瞬間を目撃したことがありました。小型のヘビが湖の上をくねくねと泳いでいて、「おっ、ヘビがくるよ」と見ているうちに、ガバッと水面が割けてヘビの姿が消えてしまいました。

それから、これは聞いた話でホントかウソか知りませんが、利根には子狸を呑む奴がいるといいます。川に水を飲みにきた狸を、引きずりこんで呑んでしまう。まあ三尺の大イワナなら、そのくらいのことはするかもしれませんが。

そのほか、水鳥を呑んだとか、腹の中から空きカンが何個も出てきたなんて話もあるようです。私の想像ですが、山形の滝太郎なんというのも、じつはこのイワナの馬鹿でかい奴なんじゃなかろうかという気がします。

ところで前述のように、私は渓流をやるくせに、ヘビが大嫌いなんだから困ります。釣りは行きたしヘビは恐しの、毎度ハムレットの心境で釣り場に向かいますが、どういうわけか、こいつを見つけるのはかならず私ときています。とにかく、この世でヘビくらい嫌いなものはない。ですから見つけると、「ヘビだあーッ」とみんなに知らしといて、私は一目散に逃げちゃいます。ところが、仲間たちは平気で、「こりゃ、いいマムシ酒になる」なんて、わざわざつかまえにいくんだからかないません。

また、土地の人のなかには、マムシとりを副業にしている人がいます。いくらだかの小遣いかせぎになるそうですが、こういう人が山へ行くと、マムシのほうが恐がって出てこないそうです。しかし、私が行くと出てきます。それで、この人がいうには「こんど歌丸さんが釣りに行くときは連れてってくれ、歌丸さんと行けばヘビが出てくるだろ」って。冗談じゃない。私を奴さんの友達みたいに思っているんだから困り

ます。

一昨年などは、三匹かたまっているところへ出くわしました。帰り道に四人で一列になって下りてきたら、岩の上にでっかい奴がトグロを巻いてます。前の三人は気がつかないでスースー通り抜けているのですが、例のごとく私が見つけて、「ヤッ、ヘビだあーッ」って逃げちゃいました。

そうしたら、三人で、三匹のうち二匹つかまえて、木の枝にぶら下げて持ってきました。で、私を見ると、「師匠、リュックの中から袋取ってくれ、ヘビしまうから」。私は見るのもいやですから、「絶対こっち向けんなよ、前向いてろよ」と袋をさがしたけれども見つからない。「ないよ」「あるはずだよ、右側にサ……」といって、手に持ったヘビごと後ろを振り向くから、「ひゃーっ」てんで、私はまた逃げてしまいました。

奥利根には、アオダイショウなんかも、首を巻かれたら死ぬんじゃないかと思うほどのデカイ奴がいます。よく滝壺に落ちて死んでいるヘビがいますが、気持ちが悪いものです。そんなときは、私はいかに釣れそうな場所でも遠まわりをして近づきません。

この奥利根で、ヘビよりもっと驚いた生きものがいます。

あるとき沢を遡行していると、崖の上のほうに、見たことのない珍しい花を見つけました。こういうとき、私は悪い癖で、どうしてもそばへ行って見たくなるのです。それで、その花のところまで五メートルほどの崖を登りはじめました。

途中に倒木があったので、それに手をかけたとたん、「ウーッ」という変な音がします。はじめは、私が踏みつけた地面が、重みで鳴ったのかと思いました。それでもう一度登ろうとすると、前より大きな「ウーッ」という声……たしかに何かの「声」がします。

見ると、私の腹のあたりに穴がある。声はその中から聞こえてきます。ちょっと薄気味悪いナと思いながら、こわごわのぞいてみました。

と、ネコくらいある馬鹿でかいガマガエルが、穴の中にしゃがみこんでこっちを見ているのです。真っ黒い化け物みたいな奴が、いまにも私の顔めがけてベタッと飛びついてきそうな構え。

いや、体中の毛穴が開くとはあのことで、私は真っ青になって崖をすべり落ち、後も見ずに逃げました。

この一事だけでもご想像がつくと思いますが、とにかく奥利根はすごいところです。ですから、ある人が遠くからわざわざ我が家を訪ねてきて、「師匠が行っている奥利根の沢の場所を教えてくれ」と来られたときも、「教えてあげるのはいいが、こんなすごいところですよ、絶対一人で行っちゃいけませんよ」と、口を酸っぱくして念を押しました。

釣り師変じて砂金掘り

釣りには、人それぞれの楽しみ方があります。釣ること自体より、船の上でイッパイやるのが無上の楽しみという人もいれば、釣った魚を料理して食べることを第一の楽しみにしている人もいます。あるいは、山奥のひなびた温泉につかりたくて、はるばる渓流釣りに出かけるという釣り師もいます。

こんなふうに、自分の好みにあわせて個性的な楽しみ方ができるのも、釣りの魅力の一つでしょう。

私の場合は、自然に囲まれてのんびり一日を過ごすことが最大の目的ですから、釣果の多少は二の次です。そして、なるべくなら人のいない、静かな場所で釣ることが好きなのです。そんなわけで、いつのころからか、釣りは渓流と川と湖の小物釣りだけになってしまいました。

しかし、残念ながら、最近ではよほど辺ぴな山奥へでも行かないかぎり、私の好きな「孤独な釣り」を味わうことができません。近場ですと、人がおおぜい入ってきたり、汚いゴミが落ちていてガッカリします。私は釣りに行くとき、腰に吸いガラ用のピースの空きカンをぶら下げていますし、ゴミは袋に入れて全部持ち帰るようにしています。ですから、ひどいときには、ビクに魚が一匹も入っていなくて、おみやげがゴミだけということもあります。

お説教じみますが、釣り場はみんなのものですし、自然が美しく保たれてこそ楽しい釣りができるのですから、釣り師はぜひマナーを守ってほしいものです。

自然を堪能したといえば、昔、友人と二人で栃木県の川俣湖へ出かけたときのことは忘れられません。湖に舟を浮かべて釣っていると、目がなんだかチカチカします。ひょいと見ると、周囲の山の緑のきれいなこと。これがほんとうの新緑なんだなあと感心しました。

すぐ手の届きそうなところでウグイスが鳴いていて、頭の上をヤマガラが飛び、遠くのほうではタイコをたたくように聞こえるツツドリが歌い、また山の緑の合間からは色とりどりのツツジが美しいコントラストを描いていました。

「釣り師でなけりゃ、味わえない気分だねえ」なんて友人と悦に入っていましたが、夕方気がついてみたら、魚は一匹も釣れていませんでした。が、その日一日の気分のよかったこと。負け惜しみでなく、釣りの楽しさを満喫して帰ってきました。釣れても釣り、釣れなくても釣り、これがほんとうの釣りの楽しさではないかと思います。

ところで、私の好きな渓流釣りには、オマケの楽しみがたくさんあります。野鳥の鳴き声を聞いたり、珍しい動物や植物などに出会うことなどしょっちゅうですし、帰りがけに山菜つみをしてきて、家族に喜ばれることもあります。

また、私は石を集めているので、珍しい石を見つけると拾ってきます。石といっても、庭に置くような大きなのは持ち帰れやしませんから、せいぜい握りこぶしくらいの小石です。ときどき化石なんかもあって、なかなか面白いものです。

もう十五、六年前になりますが、北海道の美利河温泉へ釣りに出かけたときのことです。この温泉は、長万部《おしゃまんべ》から西へのびる瀬棚《せたな》線の途中駅美利河から、さらに美利河川沿いに車で二十分ほど入ったところにあるランプの宿です。以前に札幌で見た北海道案内誌のようなもので、まだ電気もついていない温泉宿があるということを知ったのがきっかけでした。

同行は、私、三升家勝二《みますやかつじ》さん、テレビ局の浅井さんの三人。ヤマメ釣りが目的ですが、山親父には気をつけろといわれていたので、三人で笛をピーピー、ピーピー吹きながら、賑やかに出発しました。そのとき勝二さんがいうには、「こんど来るときにはバンドの人を頼みましょうよ。我々の釣りのぼるあとからオッフェンバッハの『天国と地獄』を演奏してもらえば、きっと熊だって逃げちゃいますよ」。そりゃ熊は逃げるかもしれませんが、肝心のヤマメが釣れなくなってしまいます。落語家ってくだらないことを考えるものです。

で、私が最下流から釣り上がり、勝二さんと、浅井さんは中流から。私は一生懸命下を見て歩いていました。べつに何か拾うためでなく、ヘビが大変多いところだと聞いていたからです。

そのうち、足元に曇った水晶のようなものがついている、こぶし大の石を見つけました。珍しいので家の水槽の中へでも入れようと思い、宿に帰ってご主人に見せると、「歌丸さん、これは六方石という石ですよ。よいものを拾いましたね」。そして、ご主人が裏をかえすと、キラリと光るものがくっついています。「おや、金《きん》までついていますよ」

話によると、このあたりはかなり以前から金が出ていたそうです。ご主人のお父さんという人がいわゆる山師で、昭和初年に砂金さがしにここへ来て、それでこの温泉を見つけたということです。

夜になって、ご主人夫妻と我々三人、いろりを囲んでランプの明かりで食事を食べおわり、四方山《よもやま》話をしているとき、ご主人が今日の記念にと、宿の裏山でとれた七千万年前の牡蠣の化石をくれました。大昔はこの辺も海だったということで、その化石にも金がついていました。

ところで、そんな話を聞いちゃったものですから、次の日は釣りは二の次。三人で川の中に入って、川虫をすくう網で川をさらったりして大騒ぎをしました。しかし、欲ばるとキンのキの字も見つからず、二日間の釣果は、私がヤマメ二匹、勝二さんが一匹、浅井さんはオデコ。それでも、北海道のあの大自然の素晴らしさだけはたっぷりと味わい、「イヤ、よかったねえ」と語り合いつつ帰ってきました。

タクシー来ねえかな

釣りは、〝静〟と〝動〟の二つの釣りに分けられるんじゃないかと思います。

〝静〟のほうは、ヘラブナやタナゴ釣りなど、一カ所にじっくり腰をすえてやる釣りです。ワカサギの船釣りの場合も、あまり場所を変えるなということをいいます。回遊魚ですから、場所変えばかりしていると魚の通り過ぎた後にばかり船をつけて、ワカサギのお留守を訪ねつづけることになります。相模湖によく見えた七十過ぎのご老人がいて、この人は舟を動かそうにもアンカーが上げられず、その理に叶ってよく釣れていました。

一方、〝動〟の釣りでは渓流釣りが代表格でしょう。ほとんど一日中、下流から上流へ、また下流へと歩きづめなのがこの釣りです。

ですから脚が丈夫でなくてはできません。私は痩せているうえにふだんの歩き方がゆっくりしているので、よく「歩くのは苦手じゃありませんか」といわれます。ところがこう見えても、釣りに行くと平気で何キロでも歩くことができます。以前、神奈川県の大雄山のところの狩川を、一日で上から下まで歩いたことがありました。二十キロ近くはあるでしょうか。一緒に行った人はアゴを出しましたが、私はまったく平気でした。

そんな私でも、最近は最上流まで釣り上がって、さあこれから竿をたたんで帰ろうかという段になると、やはり歩くのがいやになってきます。ですから奥利根へ行ったときの帰り道は、「タクシー来ねえかな」が口癖で、「いま来てくれりゃあ、金に糸目はつけねえんだが」と、つい冗談が出たりします。まあ、来るはずがないからそういえるんで、ほんとうに来たら糸目はちゃんとつけるんですが。

それでいつも「欲しいなあ」と思うのが、例のジェームズ・ボンドが背中にくくりつけて空を飛んだ携帯小型ロケットと、マンガの『ドラえもん』に出てくる竹コプター。あれのうち、どっちか一つでもあったら、どんなに楽だろうかと思います。釣り師ってくだらないことを考えるものです。

〝静〟の釣りと〝動〟の釣り、そのどちらが好きかと問われれば、現在の私は、やはり〝動〟のほうに大きな魅力を感じています。昔は〝静〟の釣りのほうが多かったのですが、渓流釣りの面白さを知ってからは嗜好が少し変わりました。いまでも渓流のオフシーズンにはヤマベ、タナゴ、小ブナ、ワカサギなどを釣りますが、夏は渓流一辺倒です。

それに、歩くことは健康法でもあります。職業柄、ふだんは運動不足ですから、歩き回るのは体にいいんじゃないかと思っています。そして、たまの休みに、頭の中をカラッポにして一心に水面に向かって竿を振るというのが、私の唯一の道楽であり、

健康法なのです。

ただ、残念なことに、体力そのものは私の意志に反して年々落ちていく一方です。以前は川の中の石の上を平気で跳んで歩くことができたのに、最近はあまり自信がありません。これは私の釣り仲間たちもみんな同じで、いちばん身が軽いはずの伊藤さんが、先年川の中で足を滑らせて、あお向けにボッチャンと水に落ちたなんてこともありました。私たちに冷やかされて憤慨していましたが、歳には勝てないということでしょう。

ですから身仕度だけは万全にして行きます。足ごしらえはもちろんのこと、衣類などは万一水に落ちて濡らしたときの用心に、替え衣をビニール袋に入れてしっかり口を縛っておきます。ビスケットやセンベイといった非常食も必ずリュックに入れていきますが、幸い、これまで山中で足止めをくらうような事故にはまだ遭ったことがありません。

渓流でいちばん苦労するのが高巻きと渡渉です。高巻きはいつも伊藤さんが先頭に立ち、そのあとを私たちが続きます。伊藤さんは山猿なみの敏捷さを身につけているので、ちょっとした木の株や岩角があればスルスルと登っていくのですが、私は脚には自信があるものの腕力のほうはカラッキシ。日頃はおハシと扇子以上に重いものは持たない（?）のですから、高巻きではいつも苦労をします。

渡渉のほうは、なるべく浅瀬の流れのゆるいところを選びますが、ときにはゴンゴン流れを渡らねばならない場合があります。この渡渉のうまかったのが、去年亡くなった大工の堀さん。太っていたので、水中に入っても安定感がありました。それに反し、私などはこの体ですから、下手をするとたちまち流されてしまいます。

それで以前、ちょっとした工夫を試みました。長いロープを買いこんで、その先に熊手のような鉄製の手カギをつけました。これを向こう岸に投げて木の枝にひっかけ、それを頼りに渡ろうという魂胆です。我ながらじつに素晴らしいアイデアだと思ったのですが、実際にやってみると、何度投げても対岸に届きません。そもそも遠くへ投げるだけの腕の力がないのです。おまけに、やっと届いたと思ったら、こんどは枝に巻きついたロープを外すのがえらい手間。何度も木から落っこちてひどい目に遭いました。

溪流釣りは、忍者の修業も必要というオハナシです。

渓流師心得

釣りは大自然を相手にするスポーツですから、自然のご機嫌を伺いながら、ほどほどに楽しむという謙虚な気持ちが必要でしょう。私はいつも、楽しむというよりは、楽しませていただくという気持ちで釣りに出かけます。けっして欲はかきませんし、無理を通すこともありません。よくテレビなどで「磯釣りの人が波にさらわれて行方不明」といったニュースを見ますが、あれなどはたいてい、ちょっとした油断が事故の原因なんじゃないかと思います。

渓流にも危険がいっぱいあります。とくに奥利根のような深い山中に入るときは、十分すぎるほどの準備と、いつでも釣りを諦めて引き返すだけの決断力が要求されます。私も含めてたいていの釣り師は、忙しいスケジュールをやりくりして釣りに出かけますが、そうするとつい、「せっかく来たんだから」と、悪天候をおしても釣りたくなってしまうものです。これがいちばん危険です。

渓流の釣りでもっとも恐いのは、鉄砲水でしょう。川の中で木の枝や葉っぱがくるくる踊りだしたら、すぐに逃げろといいます。これは上流に大雨が降っている証拠です。

この状態が続いたあとで、こんどは沢の水が引いてくるといいます。これは上流の沢に、雨で流されてきたいろいろなものが堆積し、流れが一時的にせきとめられるからですが、それが一挙に決壊したあとで鉄砲水が襲ってくるわけです。

私はまだ見たことはありませんが、鉄砲水がくると押し流された岩と岩がぶつかりあって、川の中で火花を散らすといいます。それくらいすさまじいものだそうです。

ですから、私たちの仲間は、たえず天候を見て、上流に雨雲があるときは、河原に石を積んでおいてから釣りはじめます。水が増えて、下から何番目の石のところまできたらすぐに逃げようなどと決めておき、三人並んで釣ります。もちろん、逃げる場所もあらかじめ見当をつけておきます。こんなふうに、溪流ではまず空模様を見極めることがいちばん肝心です。

また、この雨や風などによる川の変化は、釣果にも微妙に影響します。

ある年の七月、いつもの沢へ入ってまもなく、雨がゴンゴン降ってきました。入り口から少しさかのぼると、いつもはチョロチョロ流れの場所が小さな淵に変わっています。水もかなり濁っているので「危ないかな」と思いましたが、上流を見ると空が明るい。そこで、とにかくまず河原に石を積んで、少しでも水量が増えたら逃げようと打ち合わせて釣りはじめました。

三人とも、お互いの姿が見える程度の距離をおいて、私がいちばん下流で例の淵を釣りました。すると、キジの餌で、大きなハヤが入れ食いに釣れてきます。しかも、ハヤ五、六匹にたいしてイワナが一匹の割合で混じるという具合で、同じポイントでまたたくまにいい型のイワナを七匹も釣り上げました。

しばらくすると雨が小止みになったので、さらに上流へ行き、ここでもまた七匹を追加。

ところが、午後になって晴れ上がり、水が澄んでくるとハヤ一匹すらも釣れません。

渓流魚の習性とは不思議なものだなあと思いました。

それから、イワナという魚は、大雨のくるまえには、腹の中に石を呑むといいます。

激流に流されないための本能的な知恵だそうです。だから、釣った魚の腹から石が出たら、釣りをやめて逃げろなんていいますが、どうも魚には我々人間にはうかがい知れない、なにか神秘的な予知能力があるのでしょう。

この鉄砲水がでると当分のあいだは釣りになりませんが、魚が根絶やしになることはないようです。しばらくすると、ずっと下流の、土砂で浅くなったような意外な場所で釣れることがあります。そこまで流されていって、生き残った魚がすみかを作ったり、また少しずつ上流へさかのぼっていきます。これは利根では何度か経験しました。

お天気に関しては、土地土地にいろいろな諺《ことわざ》があり、釣りに行ったときの参考になります。よくいわれるのは、「鳥が谷を低く飛んだら雨になる」という諺です。低気圧が近づくと虫が低いところを飛ぶので、その虫を食べる鳥も低く飛ぶというわけです。そのほか、「山が遠く見えるは晴天、近く見えるは雨」「朝焼け黒く消えるは雨、白く消えるは晴れ」「アリが行列をつくると夕立がくる」などというのもあります。こうした諺の類は、当たり外れはともかくとして、ある程度の知識は持っていたほうがいいようです。

もう一つ、山で恐いのは雷です。どういうわけか、山の雷は平地のとちがって、前後左右、あらゆる方向から襲ってきます。ネズミ花火みたいにバチバチとすごい音をたてて、こぶし大の石ころをはねとばすのですからたまりません。こういうときは、とにかく身を低くして地面に伏せていろといいます。

ですから、これは何の釣りにもいえることですが、引き際がとにかく肝心で、「まだ大丈夫だろう」がいちばん危ない。私たちの仲間などは、誰かがひと声かければ、スッと上がってきてしまいます。「もうちょっとやろうよ」なんていう者は一人もいません。

それから、自分の体力をよく知っておくこと。溪流釣りは山登りが六分の釣りが四分で、場所によっては、山七、釣り三なんてこともあるくらいです。誰でも釣り上がるときは元気いっぱいで、高巻きにしろ渡渉にしろ割合平気なものですが、いざ帰ろうとすると体力がなくなっていて、朝越えた場所が越えられないといったことがあるものです。

また、私は身が軽いので、以前は川の中の石の上を、平気で跳びあるくことができました。乗って動く石と動かない石の区別なども、ちゃんと判断できたものです。ところが、最近は体力が衰えたうえにカンも鈍ったのか、それができなくなっています。そのため一度石の上でひっくり返って、足の爪を三本も剝がしました。それ以来、絶対に無理はしないようにしています。

とにかく、溪流釣りは魅力がいっぱいの反面、危険もいっぱいです。自然をあなどるとえらい目に遭いますから、釣行前には早くから万全の準備をして、けっして冒険はしないということをいつも心掛けています。

釣り師の言い分

私が通っている奥利根の溪流は、沢へ入る手前に大きなダム湖があります。ここをボートで渡るのですが、手漕ぎのボートですと渡り切るのに三、四時間はかかるという広大な湖です。

もちろん湖を渡らずに徒歩で迂回することもできます。しかし、それでは沢の入り口まで丸一日はたっぷりかかるので、私たちはモーターボートを買いこんで利用していました。これなら三十分ほどで渡り切ることができるからです。

昔、キャンプ道具をかついで山に入っていたころは、ボートがなかったので延々と山中を歩きました。ですから七日間の予定で行くと、そのうちの三日間は山歩きでした。それが、堀さんの山小屋を利用できるようになり、モーターボートを買ったおかげで、朝山小屋を出発して夕方そこへ戻ってくるという日帰りの釣りが可能になりました。

「楽になったねえ」とずいぶん喜んでいたものです。

ところが数年前、このダム湖を管理している水資源公団が、ボートを湖畔につないじゃいけないという規則を作りました。理由を尋ねると、ボートを盗まれても責任を持てないからだといいます。いや万一盗まれても私たちは公団のせいにはしない、自分たちで責任を持つからと答えましたが、規則だからと受けつけてくれません。

そこで私たちは、ボートを牽引する装置をわざわざ作って、朝晩上げ下げすることにしました。じつに厄介で費用もかかりましたが、規則なら仕方がなかろうと諦めたわけです。

それからしばらくすると、今度はボート置き場に通じるたった一本の道路に、公団がゲートを設けました。そして、朝は何時開門、夕方は何時閉門と時間を区切って、ゲートを開けたり閉めたりしはじめたのです。

私たちは「なんでこんなことをするんだ」と聞きました。すると「危険を伴うからだ」という返事です。危険といったって、暗闇のなかを走り回るわけじゃなし、観光地のようにボートの数が多いわけでもありません。あの広大な湖に、わずか十数隻のボートがあるだけです。

ゲートを作られると、私たちは朝七時以降でないと湖畔を出発できません。沢に着いたときはすでに太陽がかなり上のほうへきています。渓流釣りは早朝の四時とか五時に出かけるのがふつうなのに、いちばん釣れるいい時間をみすみす指をくわえて待たなきゃいけません。釣り堀の釣りじゃあるまいし、こんなイライラする話はないわけです。また帰りも、ゲートの閉門に間に合うためには、午後一時か遅くても二時に早ばやと竿をたたんで帰ってこなければなりません。そうすると、正味の釣りの時間はわずか三、四時間ということになります。

公団の真意は、要するに釣り師を締めだすことにあるのは明らかです。危険だ何だといいながら、じつは釣り師に来てほしくないのです。だからいろんな口実を設け、ゲートを作り、とにかく追っ払おうということでしょう。

ついでにいえば、私たちがボートをつないである場所は、べつに邪魔になるようなところではないのです。湖の真ん中に放っておけば邪魔になるかもしれませんが、広大な湖のいちばん隅のほうに止めてあります。なんでそれが危険なのか、さっぱりわけがわかりません。そして、次々といろんな規則を設け、やかましく文句をいいます。それなら、規則に違反している奴を全部取り締まれといいたくなります。

たしかに釣り師のなかには悪い連中がずいぶんいます。禁止されている投網を打ったり、電気を流したり、毒を流したなんてひどいのもいます。ダムの見回りに使うボートを無断で借用して、沢に渡ったという大学生のグループもいました。

規則を作るならこういう連中を対象に作り、徹底的に取り締まるべきでしょう。私たちは何ら迷惑をかけていないし、山に入ったって木の枝一本折るわけじゃありません。しかも高いお金を払って鑑札を買っています。それをいうと、いやその管轄は漁業組合だという。漁業組合にいうと営林署だといい、営林署にいうといや水資源公団だと、責任逃れのタライ回しです。

これをいうとカドが立ちますが、だいいち、そういう公的な業務についている人間にしてからが、仕事の合い間に山へ入って、木を持ち帰って盆栽にしたりしていると聞きます。いったいどっちが違反なんだと腹が立ちます。また、毒流しをするのは釣り師ではなく、工事関係者だとも聞きます。はるばる遠くから竿をかついでやってきて、わざわざ毒流しをやる釣り師がいるはずはありません。そういう釣り師以外の連中のしわざも、全部いっしょくたにして我々のせいにされているのです。

それから、いちばん腹が立ったのは三年前です。利根の上流に集中豪雨があり、土砂崩れが何十カ所も発生して、そのために亡くなった方もでました。もちろん道はズタズタですから、私たちはダムに近づくことができません。危険だというので、その年の暮れまで、あたり一帯が全面通行止めになったりして、私たちは釣りを諦めていたわけです。

ところが、あるとき釣りの雑誌を読んでいたら、入れないはずの沢にちゃんと入って釣りをしたという体験記がのっています。それも、どこそこの漁業組合の人に案内されて入溪したとご本人が書いている。ということは、漁業組合の人間が職権を利用して通行止めの道を通り、ボートでダム湖を横断して沢に入ったということです。これは不正行為以外の何ものでもないじゃないか、そう思ったら無性に腹が立ってきました。

水資源公団が権力を盾にとって細かい規則を作るなら、その前にこういう不正を取り締まってもらいたいものです。手が回らないというのは言い訳にすぎません。目につくところだけうるさくいうのは、ご都合主義というものでしょう。

ですから私はいま、こういうことを一々列記して、しかるべきところへ申し立てようかと考えています。ゴマメの歯ぎしりかもしれませんが、まっとうに釣っている我我の権利を守るためには、そうする以外に方法はありません。

水資源公団にしろ漁業組合にしろ、いまの管理者側の姿勢にはおかしなところがずいぶんあります。何でも悪いのは釣り師のせいにして、締め出すことばかり考えています。そんなに釣り師をいじめるなら、釣り師にだって反駁の手段があるということです。

正直いえば、私はダムなんかこしらえてほしくありません。奥利根にダムができるまえは、川の中で魚が足にぶつかるほどイワナがたくさんいたと土地の人たちはいっています。ダムのおかげで電力は豊富になったかもしれませんが、同時に豊かな自然も破壊されてしまったわけです。そのツケは、釣り師ばかりでなく、いずれ国民全体にふりかかってくるでしょう。ですから、むやみに規則を作るまえに、その基本的なところを考えてほしいと私は思います。

ビギナーズ・ラック

この本のカバーに使っていただいた魚拓は、私が五年前の六月に奥利根で釣り上げたイワナです。体長四十一センチで、これまで私が釣ったイワナのなかでは、一番の型物です。

出版社の方が是非にとおっしゃるので出しましたが、本心をいえば、まだまだこんなもので満足しているわけではありません。奥利根には、五十センチ、六十センチ級のイワナがたくさんいます。そうした素晴らしい奴を、ぜひとも釣り上げてお目にかけたいものです。

それに、もともと私は、あまり魚拓というものを好みません。どうも未練を残すようでいやなのです。ですから、私の魚拓はこれ一枚です。作ってくれたのは、相模湖の五宝亭のおやじさんの知合いの方ですが、より大型を釣り上げるまでの記念にと、額に入れて我が家に飾っています。

ところで、これを釣り上げたとき、「食わせろ」といった人がいました。私、「とんでもない話だ」って断りました。ふつうのイワナなら何匹だって差し上げますが、やっぱり自分が釣り上げた一番の大型というのは惜しいものです。私の場合、自分で食べるのは、その年に初めて釣れた一匹にご祝儀がわりにハシをつけるだけ、あとはご近所とか知合いのお宅に配ってしまいます。

それに、イワナは三十センチくらいまでが食べごろで、大きくなると味が少々落ちるようです。このイワナは、魚拓をとったあとしばらく冷蔵庫に入っていましたが、いつのまにか誰かの腹の中におさまってしまいました。

魚拓といえば、ちょっと珍しい代物を見たことがあります。

私の知人が生まれて初めてイシダイを釣りにいって、あの〝幻の魚〟といわれる奴を五枚も釣り上げてきました。さあ、喜んじゃって、自分で魚拓をとったのはいいのですが、一枚の紙に五匹全部おさめようとしたものだから、どれも頭だけしかとれてません。

それで私、「これ、何だ?」って聞きました。「イシダイだ」というから、「そりゃわかるけど、なんで一遍にとったんだ」と尋ねると、「一匹ずつとると、一遍に釣ったんじゃねえだろ、って疑われる」という返事です。だから一枚の紙にとったら、スペースの都合で頭だけしかのっかんなくなっちゃったと、これ、ある曲芸の師匠の話です。

おまけに、それっきりイシダイの姿を十何年見てないというのですから、素人というのはおっかないものだと思いました。

こういうのを、英語で「ビギナーズ・ラック」というのだそうです。競馬を知らない人が、誕生日や電話番号で馬券を買って大当たりした、というのと同じでしょう。たとえば私の麻雀などがそのくちで、円楽さんたちと卓を囲むと、たまに私がバカ勝ちすることがあります。相手は、落語とどっちが本業かというくらいのつわものですが、「歌丸さんとやると、何狙ってんだかさっぱりわからねえ」といいます。そりゃそうでしょう。私は他人の手なんかお構いなしに打つんですから。そのうえ、悪い癖で「なに、金ですむこった」とバンバンいきますから、相手は暴れ馬に蹴られたようなものです。

話が脇へいきましたが、釣りでも、初心の人が師匠を尻目にバカ釣りする、なんてことがよくあります。私の場合、いまでもよく覚えているのは、初めてヤマベ釣りをしたときに六十三四、連れの二人の経験者は二、三匹という貧果でした。こうなるともう、面白くてその釣りにのめりこんでいきますが、その後はだんだんと釣果が落ち、ついにはどん底の状態になります。あんなに釣れたのが、夢でもみてたんじゃないかと思うくらい、釣れなくなってきます。ところが、ここを我慢して頑張ると、また次第に釣果が上向いてくるから面白いものです。

考えてみると、初心者というのは、仕掛けにしろ釣り方にしろ、はじめは教えられた通りを真剣に実行します。これがいいんじゃないかと思います。つまり、基本に忠実なために、結果的によく釣れるということになるわけです。しかし、場数を踏むうちに、こんどは自分なりに工夫をしたくなり、冒険をはじめます。そうすると、にわかに釣果が落ちてきます。

一方、世間には、初めて行った釣りがボウズに終わったなんて、悲惨な人もたくさんいます。こんな場合はたいてい、「釣りなんてつまらねえ」と、それっきり見向きもしなくなりますが、なかにはどん底から出発して名人級の腕前に達する人などもいるものです。どうもこの辺は、当人の性格によるようです。

私は強情なので、釣れても釣れなくても、途中で諦めたという釣りは一つもありません。いかに釣れない時期が続こうと、その間はじっと我慢の子を決め込んで、釣れるようになるまで辛抱します。こうして、いろいろ研究したり、実験したりしているうちに、自分なりの釣り方が身についていき、こんどはほんとうに釣れるようになってきます。

私のワカサギ釣りなどはそうやって覚えたものです。ほかの人が一束、二束と釣っている日に私はボウズ。しかし、あれで「ヤーメタ」と投げ出さなかったおかげで、私はいまもワカサギ釣りを楽しんでいられるのです。

ただ、何の釣りでも同じでしょうが、できれば最初は上手な人について、基本をしっかり覚えることが大事でしょう。それが結局は、上達の近道になります。

たとえば、私たち落語家の世界に「土手組」という言葉があります。師匠につかずに独学で噺《はなし》を覚えることですが、よほど天分に恵まれ、努力も他人以上にした人でなければ、一人前に大成することはむずかしいといわれています。ですから、こういっては失礼ですが、大学の落研の学生さんがおやりになる落語は、商売人から見れば足腰がありません。噺は達者でも、やはり肝心の何かが欠けています。

余談ですが、落語家は前座、二ツ目のころは、師匠と相対して、口うつしで噺を覚えます。いまはテープレコーダーという便利なものがありますが、私たちの時代は、自分の目と耳だけが頼りでした。教わったことをしっかり頭の中に叩きこんで、帰ってから一人で稽古をし、次のときに師匠の前で演じてみせます。そのうえで、ここはいい、あそこは悪いと直してもらったものです。

また、落語家の場合、師匠は一人とは限りません。落語家はそれぞれ自分の得意とする持ちネタがありますから、ほかの師匠のところにそれを習いにいくことがあります。すると、その噺に関しては、教えてくれた人がその場合の師匠ということになります。たとえば、仮に私が円楽さんから「城木屋」を教われば、その噺では円楽さんが私の師匠、逆に、私が円楽さんに「おすわどん」を教えれば、これに関しては円楽さんが私の弟子ということになります。

楽屋ばなしが長くなりました。そんなわけで、釣りでもやはり、師匠は大事だと思います。下手に教われば下手になり、上手に教われば上手になります。私の師匠は、ワカサギ釣りが相模湖の五宝亭のおやじさん、海釣りでは横浜山下町の黒川釣船店のおじいさん、溪流は群馬の伊藤さんということになるでしょうか。

はじめは手取り足取りで教わり、それから自分で研究を積み、やがて師匠なみの腕前に達したときほど、得意なことはありません。五宝亭のおやじさんとは、これまでに三、四度一緒に釣りましたが、一度だけ、私がおやじさんを釣果で抜いたことがあります。このときはまさに「ヤッタ！」という感じで、心底嬉しかったものです。

二章

道具・餌談義

——道具と餌は釣り師のいのち

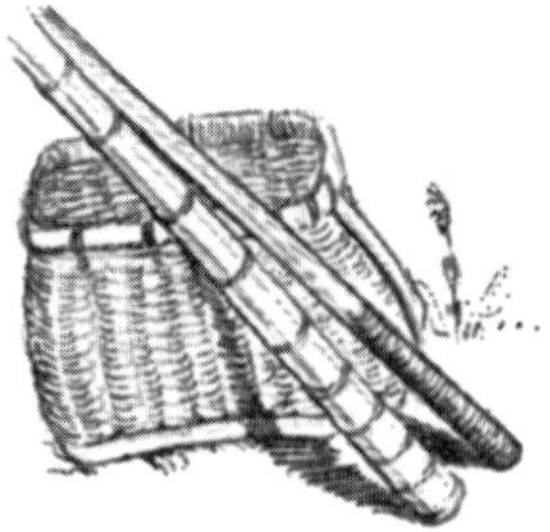

道具じまん

長年釣りをやっていますと、使っている道具類にも愛着がわいてきます。私の釣り道具は、人さまに自慢できるほど立派なものではありませんが、昔買ったもので、いまはもう手に入らない古い道具類がたくさんあります。そうした骨董品に近いやつを、ときどき押し入れから取り出しては、手入れをしたり、眺めたりして楽しんでいます。

これはあとでお話しするつもりですが、私の少年時代はモノ不足の時代でした。ですから、ハリ一本、糸一本だって貴重品で、それをほんとうに大切に使いました。いまの私が、古い道具類を大事にするのも、当時のそんな習慣が身に染みついているからかもしれません。

それにまた、古いものには捨てがたい味があります。最近の釣り具はほとんど大量生産の規格品ですが、以前は手作りのいい道具がたくさんありました。たとえば、私が持っている「縮み」のテグスは、ちょうど昔の中華ソバみたいに、太いところや細いところが混じり合っていて、機械ではちょっと作れないしろものです。関西のハス釣りによく使われたものだそうですが、水に入れると餌が自然に動いて、とても具合がいいといいます。そんなものも、本テグスなどと一緒にいまだに持っています。もったいなくて、使ったことはありませんが。

若いころ、ことに前座時代の私は貧乏で、値の張る道具などは簡単に買えませんでした。釣り具屋の前を行ったり来たりしながら、「高いな、どうしようかな」と、迷うこともしばしば。ですから、それを無理算段して手に入れたときの喜びは格別でした。

たとえば、私が愛用している竹ビクは、二十五年前の値段で千円もしました。あのころの千円というと、私が仕事を三回やってやっと買えるくらいのもので、即金では無理ですから、三百円ほどの月賦にしてもらって手に入れたものです。それ以来、マメに手入れをして使ってきたので、いまはアメ色のいい艶になっています。

よく、道具は手入れが面倒だという人がいますが、私は、手入れも釣り師の役目だと思っています。面倒なのは一度にやろうとするからで、年に二、三度取り出して手入れをする。しまうときには、虫除けの薬を一緒に入れておけば、何年だって傷みません。

私の楽しみの一つは、地方に行ったときに、土地の釣り具屋をのぞくこと。まあ、たいていは、東京で売っているのと同じ道具類しか置いてありませんが、運がよければ、掘出し物に出会うことがあります。

たとえば、その地方独特の竿ですとか仕掛け、ビクなどが、小さなお店の片隅にあったりします。そういうものを見つけると、私は大喜びで買ってくるのです。渓流釣り用の小物類など、そうやって手に入れた珍しいものが少なくありません。

数年前のことですが、仕事で北海道に行ったとき、やはり地元の釣り具屋さんをのぞいてみました。すると店の隅に、古風な小型の木製タイコリールが置いてあるのです。かねてから、相模湖のワカサギ用にいいリールはないかとさがしていたところなので、さっそく求めました。

「これ、在庫はいくつありますか」と聞いてみると、十二個あるといいます。「全部もらっていいですか」といったら、「ハイハイ」と二つ返事。なんだか申し訳ないような気がして、「すみませんね、買い占めちゃって」とお詫びすると、「いや、助かりました。売れないんですよ、こんなもの」という答えです。ときどきこんな幸運に出会うから、私の釣り具屋めぐりはやめられません。

いろいろある釣り道具のなかでも、釣り師がいちばんこだわるのは、やはり竿とい

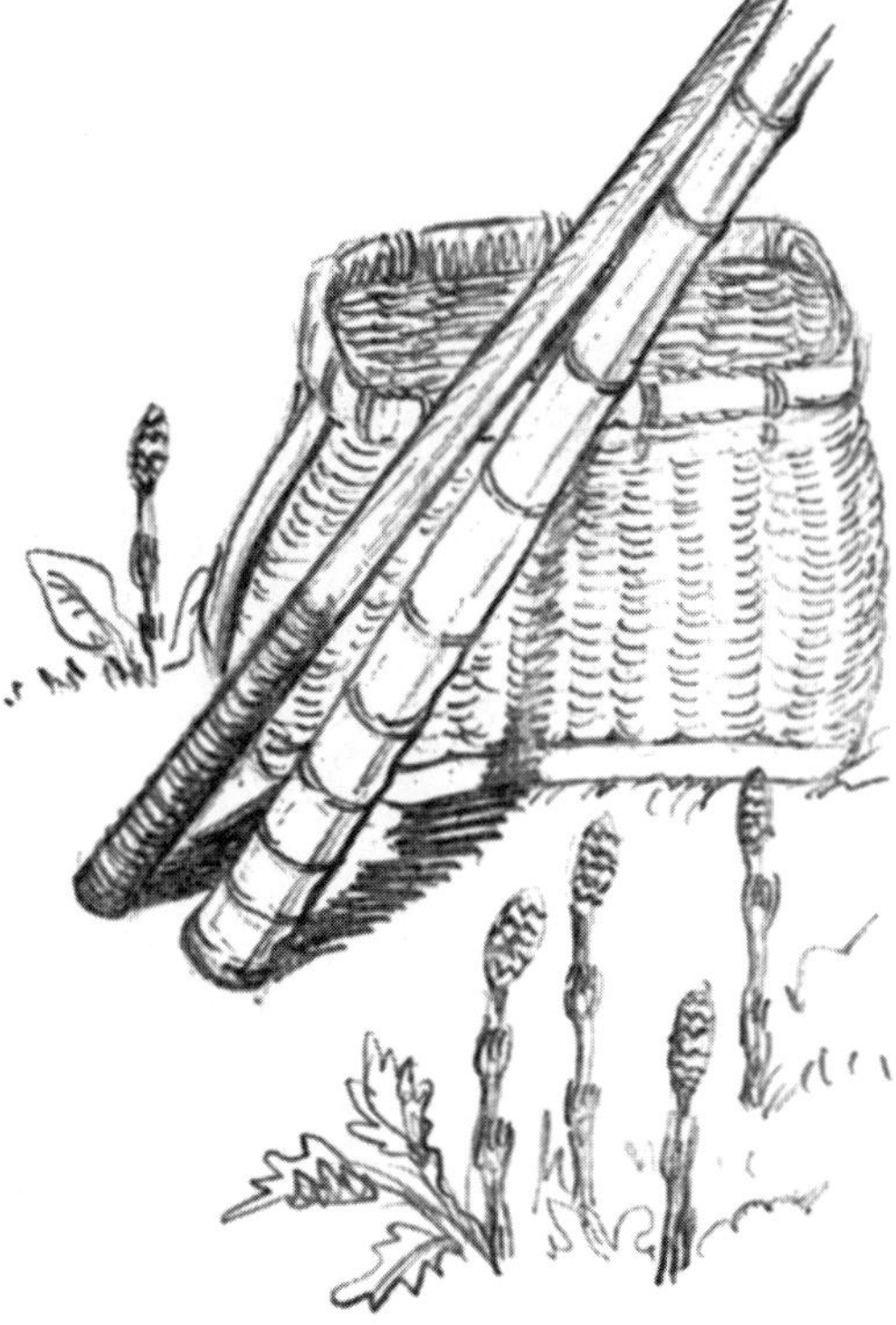

うことになるでしょう。最近はカーボンやボロンなど、軽くて丈夫な新製品が次々に作られています。私もカーボン竿を持ってはいますが、やはり竿は竹のほうが好きです。

しかし、この竹竿というのが、選び方がむずかしい。何万円、何十万円などという高い竿がありますが、かならずしも高いからいいとは限りません。そういう高価なのを見ても、本当にいいと思えるものは少ないのです。売っているときからすでに狂いがきていて、馬鹿らしくてたとえお金があっても買う気が起こりません。

私がいま使っている竿は、ほとんどが安いものばかりです。なかには、昔の金額ですが三千円で買ったのもあります。しかし、どれも使いこんでありますから、とても使いやすくなっています。そうなると手放すことも、人に貸すこともできなくなります。それに、昔のほうが、いい竹や職人がいたのか、作りもよくて狂いもこないようです。

私は、釣りから帰ってきたときとふだんの手入れは忘れません。昔はポマードで磨いていました。いい匂いがしますし、継いだり外したりが楽になるのです。最近は、五宝亭のおやじさんに教わって、クルミで磨くようになりました。クルミの実を砕いてガーゼに包んで磨くと、長い間にはなんともいえない艶がでてきます。

笑い話のようですが、ある人にこの方法を教えたところ、殻つきのまま磨いてしまったというのです。それでは竿がキズだらけになってしまう。ちょっと考えればわかりそうなものですが。

安い竿ばかりといいましたが、じつは一本だけ、たいへん高い竿があります。五宝亭のおやじさんにいただいたものです。このおやじさんは私のワカサギ釣りの師匠でして、昔はずいぶん渓流釣りもしたのだそうです。

で、おやじさんが小久保五六さんという竿師に作らせたのが、私の持っている竿です。これは同じものが三本ありまして、継ぎのところは本漆で、それぞれ桜模様、緑一色、モミジ模様が描かれてあります。それぞれ、桜の季節、緑のあふれるころ、紅葉のときに使うように分かれているのだそうです。私はそのなかの緑のをいただきました。まえまえから冗談で欲しいとはいっていたのですが、ある日とつぜん、「形見分けだよ」とくれました。存命中に形見をもらったのは、私も初めてです。

この竿はじつに素晴らしいもので、いまこれだけの竿を作れる人はいないんじゃないでしょうか。

二十本継ぎ、三本仕舞いの小継ヤマメ竿で、継ぐと二間半になるのですが、外すと一本が三十センチくらいになります。節もないし、継ぎの作りもよくて、ときどき取り出しては手入れをして、ひとり悦に入っています。

本当は使ったほうがいいのでしょうが、もしこわしたらと考えると、恐ろしくて使えません。修理できる人もいないでしょうし。

ですから、この竿は我が家の家宝です。女房にも、「地震がきたらこの竿だけ持って逃げろ。ほかは何もいらない」といってあります。

もう一つの自慢はワカサギ竿です。もともとワカサギ竿というのはなくて、ハゼの手バネ竿を兼用するのです。それで、私はほとんど自分でこしらえました。二本継ぎで、元竿はのべ竿を切って作り、穂先はグラス竿を削ります。買ってきたグラスは、まずガラスの破片で削り、調子をみながらヤスリをかけます。それにガイドをつければ終わり。コツさえ覚えてしまえば意外と簡単で、慣れてからは、一日一本作れるようになりました。

このワカサギ竿は、相模湖用、山中湖用、大物用、小物用とそれぞれ調子を変えて、だいぶ本数もたまりました。手元のところに「歌丸作」なんて漆で銘を入れまして、ちょっとしたコレクションになっています。

このほか、一時、溪流竿を手作りしようと思い、プロの竿師が使うような道具類を、一式買いそろえたことがありました。しかし、小物竿とちがって溪流竿となると、素人がおいそれと作れるものじゃありません。さんざん苦労したあげく、途中で投げ出してしまいました。

あとで知合いの釣り具屋にこの話をしたら、「師匠、買ったほうが物もいいし、安いよ」。

お説ごもっともで、以来、下手な手出しはやめています。

なじみの店

釣りの人口は年々増える一方だそうですが、たしかに釣り具屋さんへ行ってみると、どこもおおぜいのお客さんで賑わっています。そういう人たちの顔を見ると、みんな子供のように目を輝かせて、品物を一つ一つ手に取ってはためつすがめつしています。デパートのおもちゃ売り場にいる子供たちと、少しも変わらない表情です。

釣り具屋さんといえば、私の子供時代は、駄菓子屋さんと同じくらいの小さなお店がほとんどでした。品数も少なく、私たちがわずかなお小遣いで買える程度の道具類が結構あったものです。

それに比べ、いまの釣り具屋は店構えも大きく、スーパー並みの品ぞろえを誇っています。ちょいと大きな店ですと、大はゴムボートやテントから、小はハリ、ガン玉の類まで、いったい何千点の品物があるのか見当もつきません。新製品も次々と発売されますし、とにかくこれほど多種多様な道具類をあつかう商売というのは、釣りのほかにはないんじゃないかと思います。

私は暇があると、ブラリと釣り具屋さんへ入って、店内を一巡してみます。買う目的がなくても、ウインドウショッピングだけで十分に楽しめるのです。また、それで思いがけない掘出し物を見つけることもあります。店の片隅などに、ほこりをかぶった旧式の道具類が雑然と置かれていて、その中に私が前から欲しかった物を見つけたりすると、大急ぎで買ってきます。こういうときは、いまにもその品物が消えてなくなってしまうような焦りを感じるのですから、おかしなものです。

私は凝り性なので、品物を選ぶときにも自分の気にいったものでなければ買いません。そのかわり、欲しいものはお金を惜しまずに買ってしまいます。へたに安売りの品を買って、肝心のときにプツンと糸が切れたりしたのでは、悔いが残るからです。その点、信用のあるメーカー品なら、糸が切れても自分の腕が悪いのだと、諦めがつきます。

そんな私が、昔から釣り具はここと決めているのが、上野松坂屋デパートの釣り具売り場です。スペースこそ小さいけれど、確かな品を豊富にそろえていて、私が真打になる前からお世話になっています。

売り場の主任は高木さんという女性で、この人は女性には珍しく釣り好きときていますます。ですから、かゆいところに手が届くように、親身にお客の注文をきいてくれます。たとえば、私が望む調子の竿を的確にさがしだしてくれたり、わざわざ竿師のところへ同行して紹介してくれたりという具合です。

デパートですから値引きはしませんが、そのかわり「無駄にお金は取らないな」とつくづく思うような商売の仕方です。数十年間、同じ人が売り場に立っているというのもお客にとってはありがたいことで、私のわがままな好みをちゃんと汲んでくれるところはここ以外にありません。

ところで私の場合、竿のようなものは別として、小物類は一度にまとめて買い込んでしまいます。ハリなどは一袋二袋ではなく、ケースごと買います。オモリだって十個二十個の単位じゃなく、一箱丸ごと買ってしまい、フーフーいいながら持って帰ります。ですから、口の悪い連中は、「落語家やめて、釣り具屋になったらどうだ」なんていいますが、昔からの癖で、少しずつ買うのはどうも心細くっていけません。

ただ、最近少し残念なのは、新製品がいろいろできている反面、使い勝手の悪い道具も少なくないということです。よくいうのですが、どうもこれは、釣りを知らない人たちがこしらえているからではないでしょうか。

たとえば、仕掛けやハサミなどを入れる小物入れにしても、近頃のはみんなマジックファスナーになっています。あれは便利そうに見えて、意外と使いにくいものです。開けるときにスーッと開かず、ベリベリッという感じで、私などはわかっているはずなのに、毎度どこかが破れたんじゃないかと思ってしまいます。

昔のものは、小物入れにしろベストのポケットにしろ、全部ボタンでした。私は古い人間のせいかボタンのほうが使いやすくていいのですが、いまはボタン式のを買おうとしてもありません。

そんなこともあって、釣り用品以外で何か便利な小物入れはないかと考えていたら、町で若者たちが腰につけているウエストポーチとかいうのを見かけました。あれなら渓流で高巻きや渡渉をするときも邪魔にならず、具合がよさそうだ。そう思って、さっそく息子に言いつけて買ってこさせたのですが、一度使って懲りてしまいました。使いやすさはともかく、いい年のおっさんが真っ赤なポーチを腰に巻いているものだから、じろじろ見られて往生しました。やはり釣り師には釣り用品がいちばん似合うようです。

昔との比較でいえば、私のように古い釣り師は、作れる道具類は何でも自分で作ったものです。ですから、たとえばワラジなどは、いまでもワラさえあれば自分で作ることができます。木づちでワラを叩いて、ボロ布を適当に混ぜながら編んでいくのですが、慣れてくると素人でも、結構丈夫なワラジを作ることができます。釣友の伊藤さんなどはこのワラジ編みが大変上手で、私はここ二、三年、もっぱら伊藤製のを愛用しています。これは一日はいても切れませんし、へたをすると二日使えることもあります。

市販のワラジは、最近のはどうも弱くっていけません。半日はくと切れたりするので、一日釣るのに、最低二足は用意する必要があります。佐渡のワラジが丈夫だといいますが、新潟へ行ったときに地元の釣り具屋で聞いてみたら、とうに売り切れてしまったということでした。やはり、いいものはみんなが知っていて、すぐになくなるようです。

ところで、竿でも何でもそうですが、新しい道具類を買うとすぐに使ってみたくなるのが人情です。私は去年の春、渓流用の装備をいくつか新調しました。その一つのバカ長は軽くてとても使いやすそうな新製品なので、さあこれでバンバン沢渡りをと張り切っていたら昨シーズンはほとんど行けずじまい。ですから今年は、この新兵器を試すこともいまから楽しみにしています。

キジ騒動

近年はルアーだのフライだのと、外国流儀の釣りをやる人が多いようです。うちの息子なども、横浜港の防波堤へ出かけては、ルアーで結構いい型のフッコなどを釣ってきます。

しかし、私はまだ一遍もルアーというやつをやったことがありません。道具の使い方を知りませんし、だいいち、クツベラみたいな金属で魚をだまくらかすというやり方が気にいりません。釣るなら、生きた餌で、一遍魚の口へ入れてやって釣り上げる。これがまっとうな釣り方だと思っています。

ですから、私はかならず餌釣りです。ヤマメなども、全部生き餌で釣るというのが、

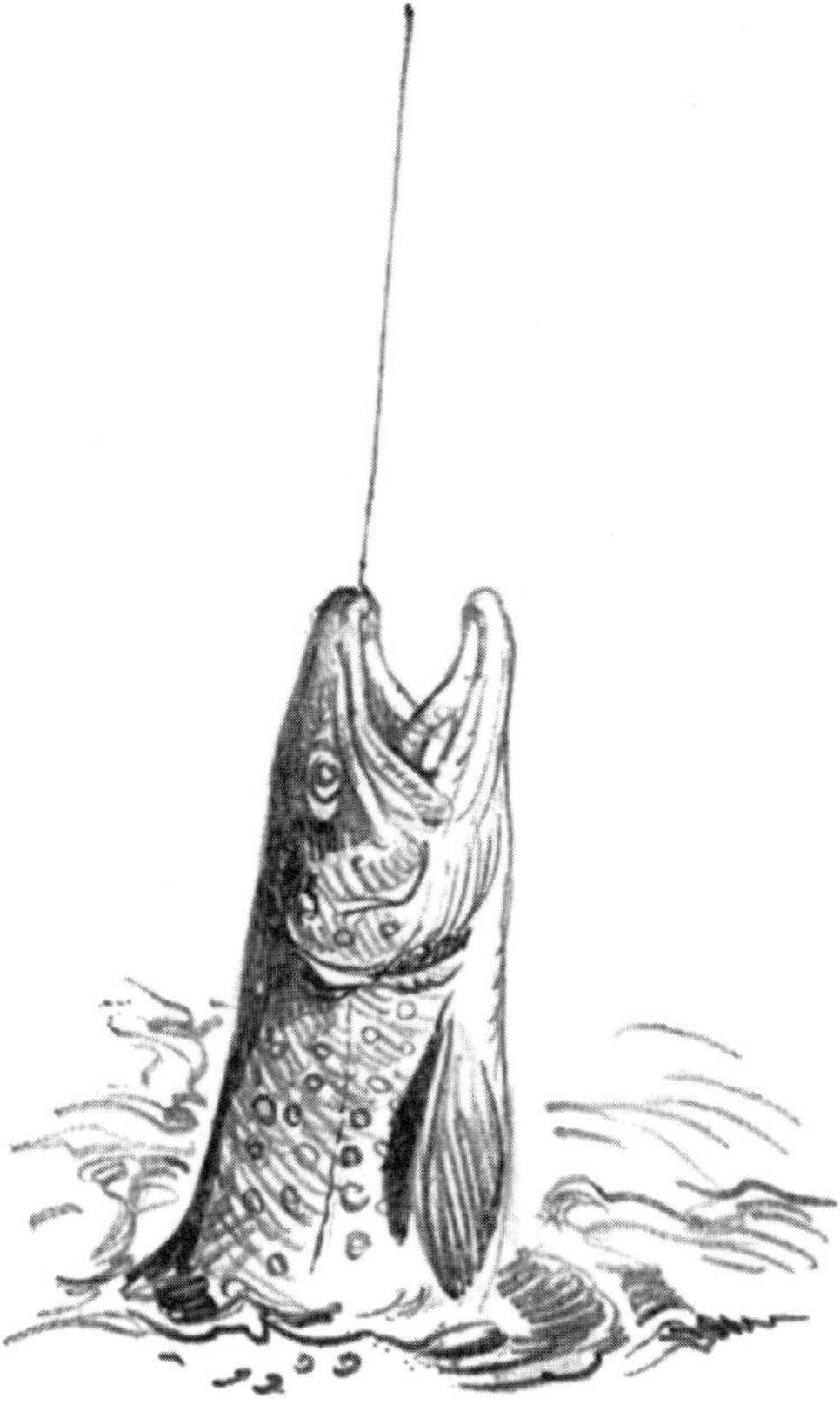

何十年来、一貫した私の釣り方なのです。

そういうと、よく「餌を手に入れるのは大変でしょう」と聞かれます。たしかに大変ですが、前にも書きましたように、餌を確保するのは釣り師の第一条件だと考えていますから、そんな努力もしないで「なかなか餌が手に入らない」などと嘆いているのを聞くと、チャンチャラオカシイといいたくなります。「餌は自分で見つけてきてストックしておく」というくらいの心構えが大切だと思っています。

そんなわけで、餌に関しちゃ、これだけは他人様に自慢できるという努力をしてきました。

たとえば、ヤマメの餌にイタドリの虫というのがあります。二センチほどでクリーム色をした、文字通りイタドリの木につく虫です。東京の釣り具屋ではめったに手に入らない虫なので、私はこれを、秋に北海道で取ってきます。北海道はイタドリの木が多く、町中でも見かけます。

以前、仕事で、円右《えんう》さんと一緒に北海道の当別《とうべつ》というところへ行ったときも、ついでにたくさん取ってきました。

寄席の昼の部と夜の部のあいだに、村の青年団の人に鎌と長靴を借りて山に入ったのですが、このときは取るのに夢中になって、帰る時間を忘れてしまったのです。だんだん暗くなり、開演時間が迫ってきて、とうとう青年団が懐中電灯を持ってさがしにくるという騒ぎになってしまいました。しかし、青年団の人たちも驚いたことでしょう。いい年をした男が目の色を変えて、暗闇の中で木の枝を切っていたのですから。

こうして切り取った枝は、まさか背中にしょってくるわけにはいきませんから、たばねて新聞紙にくるみ、千歳の飛行場に三かかえほど持ち込みました。そうしたら、日航の係の人がけげんな顔をして、「コレ、何でしょうか」。釣りの餌だといいましたら、「飛行機の中で這いだしてきませんか」「イヤ、こいつは春まで眠っていますから大丈夫です」と一生懸命説明をして、やっとのことでのっけてもらいました。ただし、新聞紙にくるんだままでは駄目ということで、係の人がビニール袋に入れなおし、「日本航空」と書いた大きなダンボール箱に入れて乗せてくれたわけです。

ところが、羽田に着くと、他の乗客の荷物はベルトコンベアにのって出てくるのに、私のイタドリだけが出てきません。やはり捨てられたのかと心配していたら、別の出口から日航の人が、両手で大事そうにこのダンボールを捧げ持って現われました。私の虫はちょっとしたVIP待遇をうけたわけです。

このときのイタドリは大量に取ってきたうえに、円右さんのぶんまで私がもらったので、翌年は存分に使うことができました。

また、クリの実につくクリ虫も、シーズンになるとかならず取りに行きます。懇意にしている相模湖の五宝亭に、秋に釣りを兼ねて行ってはクリ拾いをしてくるのです。一斗カンに二杯くらい拾いますが、私は虫が目的ですから、食べられるいいクリは全部捨ててきます。

こうやって取ってくるのは、ほかにタナゴ釣りに使う玉虫、ヤマメ用のブドウ虫、ヨモギの木につくキムシなどです。これを木の枝ごと取ってきますと、二月まで自宅の二階の日陰になる軒下にぶら下げておきます。軒にずらっと並んで、そりゃすごい風景ですから、知らない人は、「薪ですか」なんて聞きます。

これを春までそのままにしておくと、虫は蛾になって飛んでいってしまいますから、三月初めに木を割って、中から虫を取り出すのです。虫は蓋つきの容器に、土やダンボールのきれはしなどと一緒に入れておきます。すると、中にもぐっておとなしくしています。

この虫の入った容器は、冷蔵庫か、床下の、昔でいう上げ蓋に入れておきます。冷蔵庫は、はじめ女房がいやがりました。そりゃそうでしょう。虫と食べものが同居するんですから。しかし、いまでは諦めてもう何もいわなくなりまして、一番下の段の野菜を入れるボックスが指定席になっています。ヤマメのシーズンには、そこにぎっしりと虫の容器が詰まっています。

ただし、キジ（ミミズ）だけは許してもらえません。以前、マスを釣りに行こうと思い、キジを蓋のないカンに入れて冷蔵庫にしまっておいたことがあります。翌朝、冷蔵庫を開けた女房の「ギャーッ！」という悲鳴を聞いたとたん、まだ寝床の中にいた私は「シマッタ」と思いました。キジが庫内いちめんに這いだしていたのです。

いや、怒られたこと。その日一日、冷蔵庫の掃除をさせられ、以来、キジだけは、絶対まかりならぬということになりました。マス釣り用のキジはふつうのよりちょっと太いですから、私だって驚いてしまいます。

ところで、キジは昔から釣りの万能餌といわれていて、私などもかならず持っていくのですが、最近ではその辺をちょっと掘って取るというわけにはいかなくなりました。ほんとうは、田舎の牛や豚などを飼っている農家の、堆肥の中にいるやつが最高で、丸々と太った血色のいいのがゴロゴロしています。そんなキジを見つけると、「うまそうだなあ」とつい思ってしまいますが、釣り師の感覚というのはまったくおかしなものです。

歌丸餌談義

私が釣りに使う餌は、九十九パーセント生き餌です。しかも、そのほとんどは自分の手で採集し、保存するのですから、なかなか手間がかかります。

慣れないうちは、せっかく取ってきた虫を、管理の仕方をまちがえて殺してしまったり、いろいろ失敗を重ねました。しかし、最近ではそんな失敗もなくなり、おかげでいつ何時でも釣りに飛びだせるだけのストックができています。

余談ですが、私が新聞や雑誌に餌のことを書くと、毎年かならず一人か二人、それを読んではるばる訪ねてくる方がいます。去年もタクシーの運転手さんだという人がやってきて、「ごめんください、ブドウ虫ください」。

うちは餌屋じゃねえんだっていうんですが、こんなふうにわざわざ訪ねてこられると、無下《むげ》にお断りもできません。お分けして、ついでに採集の仕方や場所、保存の方法などを教えてあげます。

さて、生き餌の採集ですが、ボッタという虫がいます。流れのゆるい小川や溝のようなところで、赤い毛糸玉みたいに何百匹もかたまってユラユラ動いている虫です。

このボッタは、土地によってはヤマベ釣りの最高の餌になります。
十数年前、神奈川県の伊勢原付近のホソで、十六、七センチの型ぞろいのヤマベばかり、入れ食いに釣ったことがありました。このときに使ったのがボッタで、赤虫なんかよりは、はるかに食いがよかったのを覚えています。どこにでも通用するわけではないでしょうが、ボッタが豊富にいる川なら、一度試してみることをおすすめします。

ただし、ボッタを売っている釣り具屋はめったにないので、私はよく、近所のペットショップに買いに行きました。熱帯魚の餌などにするやつを買ってくるのです。細いのは駄目ですが、なかには結構大きいのが混じっているので、そういうのを選んで釣り餌にします。また、この虫は非常に弱いので、釣り場へ持っていくにはブクブクに入れていかないと保ちません。水も、薬品が混じっている水道の水だとすぐに死んでしまいますから、自然の川の水を使います。

こんなふうに、生き餌というのは何かと厄介なものです。

ブドウ虫などは、昭和四十年くらいまでは横浜近郊でも採れたものです。ところが最近では、かなり遠方へ行かないとむずかしくなりました。私の場合は仕事で地方へ行くことが多いので、その折に見つけ次第取ってきます。

しかし、なかには簡単に見つからない虫もいます。タナゴ釣りに使う玉虫なんかがそうですが、つい先だって愛知県に行ったときに、運よくこれを見つけました。何という木か名前は知りませんが、楽屋の窓の外に玉虫のいっぱいついた木があったのです。そのときはあまり時間がなかったので、窓から手をのばして、取れる分だけ持ってきました。

で、十日後にまた同じところへ仕事に行ったので、こんどは弟子に「おまえ、木に登れ」「師匠、何するんですか?」というのを、「あれを取ってこい」って、いやがるのを無理矢理木に登らせて、いっぱい取ってきました。落語家というのは、何でもできなきゃ一人前になれないのです。

釣りは、こうして餌を採集するのもなかなか楽しいものです。私ばかりじゃありません。よく川へ行くと、流れの中で腰をかがめて、一心不乱に川虫を取っている人を見かけます。首から餌カゴをぶら下げて、一つ一つ石をひっくり返しては嬉しそうに虫を集めていますが、一時間後にもう一度そこを通ると、まだせっせと取っていたりします。あれじゃ釣る時間がなくなってしまうんじゃないかと、見ているほうが心配になります。

ところで、こういう採集癖は、釣り師にかぎらず、ふつうの人にもあるようです。

自分は釣りなどしないのに、私の餌取りを熱心に手伝ってくれたという、じつに奇特な人たちがいました。

以前、ナショナルさんの仕事で、岩手県へ行ったときのことです。盛岡から花巻へ向かう途中で、運悪く道路工事をしているところにぶつかりました。いま上のほうでハッパをかけているから、一時間は通行止めだといいます。そういうことなら仕方がない、しかし車の中でボーッとしているのもつまらないから、下りてみました。何にもない山の中の道路でしたが、ぶらついていると、山ブドウの木がいっぱいある場所に出くわしました。

さて、時間はあるし、これを見逃す手はないというわけで、さっそく取りはじめましたが、そのうちに同行のナショナルの人たちが三人と私のマネージャーも下りてきて、「師匠、何してんです?」と聞きます。で、コレコレこういうわけでこの虫は釣りの餌になる、プクッとふくらんでいるところに虫がいて、こうして両端を切って保存すれば翌年虫がでてきて釣りに使える、と説明しました。

「そりゃ面白い、では、工事が終わるまで私たちも手伝いましょう」ということになって、一緒に取りはじめたのはいいのですが、さあこんどは、この人たちのほうが夢中になってしまった。それからふと気がつくと、一時間はとうに過ぎています。で、車に戻ってみますと、三十分の通行許可が終わってしまって、またあと一時間待てというわけ。私はモッケの幸いとばかりまた取りはじめましたが、さすがにこのあとは、誰も手伝ってくれませんでした。

この話には、まだ続きがあります。

花巻市内に入ると、秋たけなわのころですから、八百屋の店先にクリの実が山のようにありました。「すみません、止めてください」といって、例によって虫食いだらけのクリを紙袋にいっぱい買いこんだら、ナショナルの人が、「また餌ですか、好きですねえ」。

そこまではよかったのですが、ホテルに入って翌朝目をさましたら、じゅうたんの上を何か白いものがいっぱいうごめいている。ゆうべ買ったクリ虫が、紙袋を食い破って全部でてしまったわけです。それから私のマネージャーに、「貴重な虫だから大切に集めてくれ」と頼んで、私はフロントに容れものを借りにいきました。

「あの、何かプラスチックの小さな容器はありませんか」「何にお使いです?」「クリ虫を……」といいかけて、ググっと詰まりました。まさか、じゅうたんの上に虫がいるとはいえません。「あの、土を入れて……」「は?」ますます変な顔をします。土を入れると中にクリ虫がもぐっておとなしくなるんですが、これまた説明するわけにいきません。ついに、「ええ、お弁当を詰めるんです」と、嘘をついて借りてきました。

クリ虫弁当なんて、考えてみるとゾッとしますが。

続・歌丸餌談義

魚を釣り上げるためなら何でもやる……これが釣り師根性というものでしょう。そのためには、仕掛けを工夫し、餌に凝り、労をいとわずに研究します。

いま、海のサバやアジ釣りなどに使われているギジのゴム片なども、釣り師が改良を加えて発達したといわれます。より薄くて伸縮性に富み、魚が口にくわえても違和感のないものは何か。こうして新素材を求めてとことん追究した結果、いきついたのがコンドームだったとか。これを短冊型に切ってハリにつけてみたところ、面白いように釣れたといいます。

ところが、この話を聞きつけてさっそく真似をしてみたら、あにはからんや、ただの一匹も釣れなかったという人があったそうです。見たら、コンドームを丸ごとハリにつけていた……なんて笑い話もあります。そりゃそうでしょう。海水が入ってスイカみたいにふくらんだコンドームが、海の中で伸びたり縮んだりしているのですから。相手がサメだって、逃げていってしまいます。

海川を問わず、昔から狂的に餌に凝るのは、ヘラ釣り師やコイ釣り師に多いようです。私もかつてヘラをやっていた時分は、ずいぶん練り餌に苦心しました。現在のような粉末状の市販品がまだ少なかったころなので、自分でサツマ芋をふかして裏ごし、サナギ粉を混ぜ、ウドン粉でつなぎました。その配分の比率なども毎回のように変えて、釣り場で試したものです。

また硬さは耳タボくらいがいいというので、練りながらしょっちゅう耳をさわって耳をまっ白けにしたり、家中にサナギの臭いが充満して何カ月もとれなかったり。

しかし、私などはまだオーソドックスなほうで、なかには調味料や酒を混ぜたり、イモようかんを使う人などいろいろでした。そのようかんにしても、舟和のものでなくては駄目だなどと、それぞれウンチクがあったものです。

ところが、生き餌のほうには、もっとすごい話があります。

聞いた話ですが、海釣り狂のある作家は、餌のイワイソメを生きたままかじって、

食べてみたといいます。魚が喜んで食うのだから、きっと旨いにちがいないといって。さすが釣りキチもここまでくれば見上げた根性というべきでしょうが、私はこの話を聞いたとき、ふと、アンドンのアブラを舐めている化け猫の姿を連想しました。釣り師も下に「狂」の字がつくようになると、常識では考えられないような振舞いに及ぶものとみえます。

私も餌には凝るほうですが、まだ食べてみたことはありません。しかし、旨そうだな、と思うことはあります。

たとえば、キジ。農家の牛舎の裏などに捨ててある、フン混じりのワラの中にいるキジなどを見ると、コロコロと太って血色がよく、いかにもおいしそうな感じがします。栄養満点のタンパク源……まさにそんなふうに見えます。こういうときには、不思議に汚いなどとは思わないのですから、我ながら奇妙です。

このキジつまりミミズは、昔なら庭先の土を掘れば簡単に見つかったものです。あるいは、台所の水の落とし口のジメジメしたところなどに、結構かたまってすんでいました。しかし、最近は釣り具屋で買っていく人が多いようで、私も近場へ行くときは「りん太郎ミミズ」を買っていきます。

考えてみると、お金を出してミミズを買うのは釣り師だけのようです。値段が安いからいいようなものの、もしミミズの人口が減ったら、将来は一匹何百円なんてことになるかもしれません。そう思ってテレビを見ていたら、一昨年だったか、東京の道路に大変な数のミミズが這いだして、大騒ぎで清掃したというニュースがでました。それを見てうちのかみさんは「イヤー、気持ち悪い」といいましたが、私は「ア、もったいねえなあ」と思いました。素人さんと釣り師では、同じものを見たってこれだけ感受性が違います。

そんな私も、家の中でクモやハエを見たときはシッシッと追い払いますが、渓流釣りに行くところりと態度が変わります。クモでもトンボでも、見つけ次第ハリに刺して餌に使ってしまいます。バッタなんかを見つけると、シメタなんて思うのですから残酷なものです。

それでいま考えているのは、イワナの餌にゴキブリが使えないかということ。採集が容易で、お代はタダ。しかも見るからに脂ぎっていて栄養がありそうです。釣り師がどんどんゴキブリを使うようになると、そのうち釣り具屋の店頭に「ただ今、ゴキブリ入荷中」なんて札がさがる時代がくるかもしれません。

餌の話をはじめると際限がありませんが、私は以前、サシを自宅で生産しようとして、大失敗を演じたことがあります。

サシはハエの幼虫、つまりウジですから、作るのは簡単です。ウジといえば汚ならしく感じますが、釣り具屋で買ってくるサシはオガクズの中にくるまっていて、べつに汚ないとは思いません。そのイメージが頭にあるものだから、気軽に生産に着手しました。

魚屋さんからサバの頭やはらわたをもらってきて、これを桶に入れ、屋根の上にのせておく。これで二、三日もすればゾクゾクとワカサギ釣りの餌が誕生……となるはずでしたが、実際にやってみると、いやその臭いのなんの。夏の盛りにものすごい悪臭があたり一帯にただよい、でかい銀バエがブンブン飛びまわって、近所中から「やめてくれ」と苦情がきました。それっきり、自家製サシは生産中止。やはり、サシとかキジは自分で作るものではないようです。

余談ですが、紅サシというのは、薬品で着色するのだそうです。私はそれを知らなかったものだから、ふつうのサシに食紅を塗ってみたけれど紅くなりません。で、水に溶いたりバターに混ぜたりいろいろやって、もうベトベトになってさんざん苦労したあげくに、最後は投げ出してしまいました。

とにかく釣り師っていうものは、何をするかわかりません。汚いことを平気でやります。あるとき、相模湖へ行く汽車の中で新聞を広げて読んでいたら、前の座席の女の子が「キャーッ」と悲鳴をあげました。見たら、網棚にのせておいた私の荷物からポタポタポタポタポタ、紅サシが落っこちてる。

もう、女の子は憤然と私をにらんで向こうへ行っちゃうし、私はこそこそサシを拾い集めて大恥をかきました。早く相模湖に着かないかと、身の縮む思いをしたものです。

仕掛け談義

私は、自分で使う仕掛けは、全部自分の手で作る主義です。市販品を買って使ったこともありますが、そうすると、切れたりしたときに腹が立ちます。しかし、自分で結べば、万一切れたときにも諦めがつくものです。また、その原因がわかり、次からは改良することができます。

糸の結び方などは、大昔に近所の釣り具屋さんに習った流儀をそのまま通しているのですから、じつに古くさいものです。ただ、これで不都合を感じたことはありませんし、新しい結び方はどこか不安なので敬遠しています。

暇なときに、一人であれこれと仕掛けを工夫するのは、なかなか楽しいものです。そんな作業をしているときは、釣り以外のことは何も考えず、一心に没頭することができます。ただ、最近視力が落ちたので、少々骨ではありますが。

私のやり方は、まず最初は釣りの本などを見てオーソドックスな仕掛けを作り、それから自分の体験をもとに改良を加えていきます。釣り場でほかの釣り師の仕掛けを見たり、上手な人に教わることもあります。

また、私は地方へ出かけることが多いので、土地の釣り具屋さんでその地方独特の仕掛けなどをよく仕入れてきます。それがそのまま役立つわけではありませんが、参考になるのです。たとえば北海道へ行くと、東京では売っていないチカバリというのがあります。チカは冬の釣りもので海の魚ですが、姿形や釣り方などが、ワカサギとよく似ています。もともと親戚同士の魚ですから当然ですが。このチカバリを参考にして、相模湖のワカサギ用の仕掛けを作ったりするわけです。

いま使っている私のワカサギの仕掛けは、ハリのチモトに螢光管を二ミリに切ったものをはめこんであります。ハリは細ソデの三号、この結び目に赤いマニキュアを塗ります。ですから、見た感じは、赤虫バリにそっくりです。以前は螢光塗料を塗ってみたり、いろいろやりましたが、これが一番成績がよくて気に入っています。

マニキュアは自分では買いに行きにくいので、女房に頼むことが多いのですが、赤といってもいろいろな赤があるらしく、ときどきちがったのを買ってくるので困ります。

それに、うちの女房はもう若くないので、真っ赤なマニキュアを買うと、「こんなのお使いになるんですか?」と店員さんに聞かれるんだそうです。「イヤだ、私じゃない、お父さんが……」といったら、ますます変な顔をされたといってこぼしていました。

ワカサギでは、オモリの改造もやります。私が使うのは常時三号ですが、形は一般に使われている分銅型ではなく、穴のあいたナツメ型の三号を買ってきて、中へ糸を通してこの下へ下バリをつけます。これがミソで、この下バリに食ってくることが非常に多いのです。時期にもよりますが、とくに初期のころは地付きのワカサギが多く掛かるので、オモリ下のハリがいちばん活躍するわけです。

市販の仕掛けは、下バリがなかったり、あってもオモリの上に結んで垂らしてあります。これではちょっと具合が悪いのです。

そのほか、溪流釣り、タナゴ釣り、ヤマベ釣りなど、みんな我流の仕掛けを工夫して使っていますが、これでいい釣りができたときというのはほんとうに嬉しいものです。

私自身がそうですが、海と川の釣りを比べると、一般に川釣りの人のほうが、細かい仕掛け作りやなんかが好きなようです。やはり川釣りのほうが繊細なためでしょうか。

それで思い出す話があるのですが、昔、知合いのある曲芸師さんから、ヤマベ釣りのウキについて相談をうけたことがありました。市販品にいいのがないので、自分で作りたいというわけです。材料には桐の木を使って、軽くて小さいのを作りたいが、肝心の桐の木が手元にないといいます。当時の釣り具屋には、素人が手作りするための材料などはほとんどなかったので、困ったわけでしょう。

で、結局どうしたかといえば、おやじの下駄の歯を欠いて、それでもってウキをこしらえてしまったというのですからひどい話です。見つかってひっぱたかれたといいますが、まあ自業自得で仕方がありません。

昔はそんなふうに、材料一つにも苦心を重ねましたが、いまは便利なものがたくさんあって重宝します。たとえば、瞬間接着剤は、どこへ行くにもかならず一、二本持っていきます。一度これのおかげで、大助かりしました。奥利根の小さな沢に入ったとき、穂先を木の枝にひっかけてポキッと折ってしまいました。竿はこれと長竿の二本だけ。小場所ですから長竿は使えません。そこで折れた個所へ糸を巻いて、瞬間接着剤をつけて応急処置をしました。これで十分釣りができたのですが、昔ならすごすご帰ってこざるを得なかったでしょう。

ところで、私は溪流のシーズンが終わると、もう翌年用の仕掛けを準備します。タナゴでもワカサギでも、全部そうです。ですから、その場になってあわてたということは一度もありません。「仕掛けと餌の準備は万全に」が、私の釣りのモットーです。そして、一年間の釣行計画もすべて前年のうちに立て、仕事の予定はあとまわし。年年、釣りと落語とどっちが本業なのかわからなくなってきつつあるのですから、我ながら困ったものだと思います。

釣り師のカガミ

何事にせよ、研究熱心は上達を早めるもの。某スポーツ新聞社主催の沖釣り大会の記事を読んでいたら、当日優勝した人は自分で数十種類の仕掛けを考案して、片っ端から試してみたということです。
二、三種類の仕掛けなら、私だって工夫できるかもしれませんが、こうなるともう脱帽するほかありません。釣り師のカガミといってよいでしょう。
カガミといえば、私自身、大変立派な人を見たことがあります。

某年某日、秋も深まった相模湖のワカサギ釣りに出漁し、例によって五宝亭から舟を出しました。すると、桟橋に並んで舟の順番を待っている人のなかに、首からカメラをぶら下げた人がいます。持ち物はそのカメラだけで、釣り道具のたぐいは一切なし。ですから私は、てっきり観光客だと思いました。

ところが私が舟に乗ると、その人も後ろの釣り舟に乗りこんできます。どうも変だなと思いましたが、釣りに気をとられてそのまま沖へ出ました。

それからしばらくして気がつくと、例の人が向こうのほうでさかんにシャッターを押しています。それも景色とか人物を撮るのではなく、レンズを水面に向けています。当日の相模湖はかなり減水していて、ところによっては水底のようすが見える状態でした。

で、夕方舟から上がって五宝亭さんにその話をすると、「あの人はヘラ師で、夏のシーズン中はしょっちゅう来ているベテランだ」という返事。つまり、減水のときに湖底の状態を写しておいて、ポイントを研究しようというわけでしょう。

これにはまったく驚きました。私もたいがい熱心ですが、竿も持たずに釣り場に行こうという気にはなりません。出漁したけれどもあまり釣れないという日に、ついでにポイントを見てまわることはありますが、まあその程度が限界です。しかも当日は平日ですから、もしかしたらこの人は会社を休んで来たのかもしれません。

いや、立派というか何というか。「表彰したらどうだ」と五宝亭さんにいったくらいです。

私はそこまでやりませんが、家族が顔をひきつらせるようなことを、ときどき家の中でしでかします。

まだワカサギ釣りを覚えたてのころ、タタミの上でハリ外しの稽古をやりました。つまり、手返しを早くするための練習です。

定法どおり、竿をつないで仕掛けをセットし、全部のハリに昨日釣ってきたばかりのワカサギを食いつかせます。もちろん、生きてるやつが食いついたみたいに、一匹一匹、口をこじあけて上アゴにハリを掛けます。たまにはスレもきますから、これも実際と同じように、腹やらシッポにハリ掛けします。

こうしておいて、そろそろと竿を立て、上から順番にワカサギを外していきます。これを何度も何度もくり返し、タイムを計って手早く外せるようになるまで練習しました。

おかげでかなり上達はしましたが、ワカサギのほうは口が切れたり頭がもげたり、さんざんな姿になってしまい、まるで食べられませんでした。

もう一つは、タナゴ釣りの練習です。

私の家には大きな特製の水槽があって、ここに釣ってきた小ブナやタナゴやクチボソなどを三束ほど入れてあります。世話は女房がしてくれるので、私はただ鑑賞するだけという結構な身分。

で、仕事がお休みの日にこの水槽を見ていて、ふと思いました。タナゴは水中でどんなふうにして餌に食いつくのだろうか、と。その状態がわかれば、これは釣りに行ったときの参考になります。

それから竿を出してきて、仕掛けと餌をつけ、座敷の真ん中で釣りはじめました。しかし、どうもいまひとつ物足りません。そりゃそうでしょう、タタミの上でタナゴ釣るのは初めてですから。

それで、実際に釣り場に行ったときの気分になろうと、釣り服に着がえ、帽子もか

ぶりました。手甲をしてビクを下げ、脇には弁当箱とお茶を入れたポットも用意しました。

これでもう、どこから見ても釣り場にいるときの私と寸分たがわぬ釣り姿です。いや、釣れましたね、このときは。フナとタナゴが入れ食いでした。

後日、この話をマスコミの人にしたら、「ぜひ写真を撮らしてくれ」。さすがに私、「みっともないから、やだ」とお断りしました。

仇討ち

釣り師のなかには、海川何でもござれの器用な人もいれば、釣りはヘラブナしかやらないという頑固一徹な人もいます。

私の場合は、いまは川釣り専門ですが、昭和三十四、五年ごろまではさかんに海釣りをやりました。東京湾がまだあまり汚れていなかったころの話で、いい思い出がたくさんあります。

たとえばハゼ釣り。毎年暮れになりますと、私、春風亭柳好さん、柳家小せんさんの三人でかならず船を出し、川崎の大師沖で江戸前のハゼ釣りを楽しみました。ある年など、三十センチ近いヒネハゼばかり六十数匹も釣り上げ、その目方が合計で一貫三百ありました。丸々と太った大きなハゼがどんどん釣れて、三人ともそりゃあ堪能したものです。

ハゼといえば、私の初めての船釣りも東京湾のハゼ釣りでした。麻布の十番クラブに寄席があって、夜はそこで前座をつとめなくてはいけません。じゃあってんで、昼間、浜松町の船宿から乗合い船に乗って、御台場沖で釣りをして、そのまんま楽屋入りをしました。

あのときもハゼが面白いように釣れましたが、いまみたいにクーラーなんて便利なものはない時代です。塩を買って、釣った魚にふりかけて、ありあわせの容れものに入れて持ってきました。

楽屋に入ると、陽に焼けているものだから「どこ行ってきたんだい」っていわれて、「ええ、釣りに行ってきました」。いまの三木助のお父さんの三木助師匠が容れものをのぞいて、「おお、いいの釣ってきたな、どっから出たい」「浜松町です」「いいなあ、オレも行きてえなあ」なんて、羨ましがられたものです。

あの当時は魚もたしかに濃かったけれど、釣り方自体が、いまとはずいぶん違いました。船がポイントに着くと、エンジンを止め、船頭が櫓でねってくれましたから、浅場でも魚が散らず、面白いように釣れました。オモリなども、二十号、三十号なんて大きなものは使いません。どう重くたって五号どまりで、「今日は潮が早えから五号だよッ」なんていったくらい。シロギスのときは、だいたい三号が決まりでした。それから、いまは姿を消してしまった青ギスの脚立釣りなんてものも、まだ見ることができました。

青ギス釣りは、私も人に誘われて一度だけやったことがあります。先代の金馬師匠から、よく楽屋で、「ありゃ、面白え釣りだぜ」と聞かされていたので、ぜひやってみたいと思っていたのです。

手漕ぎの船で船頭さんに沖まで運んでもらい、海の中に脚立を立てて、その上に乗っかって釣るのですが、なかなかむずかしい釣りでした。脚立の上から海面をにらんでいると、波のうねりが目に入ってフウッと体が揺れてきます。はっとして姿勢を立てなおしても、しばらくするとまたフワフワッと体が揺れる。ついに私は、一度海の中に落っこちてしまいました。

青ギス釣りはそうやって何遍も海に落っこちてうまくなるんだそうですが、私の場合は、うまくなるまえに青ギスがどこかへ行っちまって、とうとう顔見ずに終わりました。それが口惜しくっていうわけじゃありませんが、ぜひもう一度青ギス釣りに挑戦できるような、きれいな海が戻ってきてほしいものです。

海釣りは、この船釣りのほかにも、防波堤、磯などいろいろやりまして、失敗談もたくさんあります。

友人と二人で、磯の小物釣りに出かけたときのこと。早朝から何時間も粘っているのに、ピクリともアタリがありません。「おかしいなあ」と二人で首をひねっていると、私たちの竿の先にアクアラングをつけた土地の子供がポッカリと顔を出して、「おじさん、餌をもっと下のほうへやらないと魚は釣れないよ。魚はおじさんたちの餌よりずっと下のほうにいるもの」というじゃありませんか。

これにはほんとうに驚きました。その子は海の中で、ずっと私たちの釣りを見ていたわけです。おまけにあとで聞いたら、気の毒だからモリで魚を突いて私たちのハリにつけてやろうと思った、というのです。さすがに私たちも、このご好意には恐れいったものです。

それから、思いがけず、人さまの仇討ちに手を貸したこともありました。

横浜から乗合い船で、中の瀬のシロギス釣りに出かけたときのことです。多少波っ気のある日で、沖合いに出てまもなく、一人のお客さんが船酔いを催しました。

そのとき、年の頃五十五、六のベテラン風の釣り師が、「オレなんぞは、どんなに船が揺れようが、酔ったことなどないよ。釣りにきて酔うくらいなら初めから乗らねえほうがいいんだ」と、聞こえよがしにいうのです。私は、いやな野郎だなと思っていました。

そのうちにキスの食いが立ち、入れ食い状態になってきました。で、餌箱から餌のジャリメをいちいち出すのが面倒になって、私がひょいとそいつを口にくわえてしまったのですが、ちょうどそのとき、さっき自慢していたおやじがこれを見てしまったのです。

とたんにおやじさん、ゲエー、ゲゲエー。船が港に帰ってくるまで、真っ青な顔をしてずうっと寝ていました。

あとで、最初に船酔いした人から、「仇を討ってくれてありがとう」とお礼をいわれましたが、べつにそんなつもりはなかったのです。まさにケガの功名というやつで、ただ、おやじさんが寝込んでからは、私もさっぱり釣れませんでした。

大阪の釣り

以前私が、ヘラブナ釣りに凝っていたころの話です。

昭和三十八年の秋でしたか、千日劇場に出演するため、十日間大阪に滞在しました。関西はヘラブナの本場ですから、あちこちにいい釣り堀があります。で、このとき角屋の支配人だった高島さんという人が、私をハコ釣りに誘ってくれまして、十日間のうち五日間、百舌《もず》八幡の釣り堀へ通いました。

朝五時に旅館を出て、高野線の電車に乗って、六時半ごろ向こうへ着きます。それから十時半ごろまで釣って、帰ってきて寄席へ行くという忙しいスケジュールです。

毎回宿の女中さんに目覚し時計を借りて、帰ると返していましたが、四回目くらいになると女中さんに頼まれました。

「師匠、すみませんけど、あした朝五時に私を起こしてくれませんか」。「何です?」と聞くと、「早発ちのお客さんにごはんを炊いてやるんですけど、師匠に時計をとられちゃったから、私起きられません」。

で、私、女中さんの起こし役をつとめました。そうまでして釣りに出かけたのですから熱心なものです。

私を案内してくれた高島さんは大変なヘラキチでしたが、まだ一遍も尺ブナをあげたことがないと残念がっていました。ところが二度目のときでしたか、この高島さんをさしおいて、私が尺一寸七分のヘラブナを釣り上げてしまったのです。

当時、この釣り堀には賞金制度があって、尺以上を釣った人にはその場で百円也を進呈、また、年間賞には冷蔵庫や白黒テレビが当たるという豪華なものでした。

さあ、百円をせしめた私を見て、高島さんの悔しがること。地元の自分が釣れないのに、東京から来た釣り師に賞金をとられちゃったというわけで、私が帰ってからもせっせとここへ通ったようです。

このとき（十一月）の私の記録は、その時点で年間トップでした。それで、帰京後もしょっちゅう高島さんから、「師匠、まだ残ってるよ、まだ一番だよ」と電話がきていましたが、暮れ近くなってとうとう破られてしまいました。

ところで、この釣り堀では、たいへん面白い光景を見ました。大きな茶色の猫がいて、こいつがいつも事務所の入り口に坐りこんで、釣り師の動作を見ています。そして、誰かが外道のクチボソやモロコを釣ると、そこへダーッと飛んでいって捨てたやつに食いつきます。食べ終わると、また事務所の前に戻って、監視を続けているわけです。
これだけならべつにどうということはないのですが、感心したのは、ヘラと外道のちがいをちゃんと見分けていることでした。

ヘラが掛かると、釣り師はタモを使います。その場合は横を向いて知らん顔。ヘラは誰も捨てないことを知っているのです。

が、タモを持たないと見るや、魚を釣り上げるまえにもう腰を浮かして、走りだす構えを見せます。その見分けがじつに正確というか、素早いというか。へたな人間さまより利口だと思いました。

なんでもこの猫は、小さいときからそのデンで朝めしにありついているということでした。

さて、これと関係のある話ですが、曲ゴマの三増紋也《みますもんや》さんが大阪へ行ったとき、やはりハコ釣りをやって、釣れたのを一匹持ち帰ってきたそうです。それを角屋の裏方さんに見せたら、「ホーッ、大きいですね、私にください」。

たぶん池かなんかで飼うんだろうと思ってあげたら、次の日、「きのうはご馳走さまでした」って。ヘラ、食っちゃったわけです。ありゃ、あんまり食う魚じゃないと思いますけど。

猫のほうがモノがわかっているという、変な話です。

ついでに書きますと、大阪ではウドンで釣る釣り方も初めて経験しました。ウドン切りの器械があって、弁当箱みたいなやつにウドンを入れてバチッと蓋をすると、適当な長さの餌になるという仕掛けです。トコロテンをつく原理と似ていますが、そんな珍しい道具も、昔は地方へ行くと見られました。あれ、いまでもあるでしょうか。あれば、一つ手に入れたいものです。

練り餌で釣ったギリシャの魚

噺家という職業は、こう見えてもなかなかせわしいものです。お声がかかれば日本全国どこへでも出かけますし、私の場合ですと、一年のうち三分の一くらいしか家におりません。よく人から、「いいですね、いろいろなところが見物できて」といわれますがとんでもない。仕事が終わればトンボ帰りで、ゆっくり名所見物をする暇もありません。

そこで年に二、三回、仕事を離れて海外旅行をするようにしてきました。ただし、断っておきますが、日本語以外はまるでできない私です。好奇心と度胸だけを頼りに行くのですから、行く先々で落語のネタになるような出来事がもちあがります。

初めてタイのバンコクへ行ったとき、午前中は市内見学。そろそろお昼近くになり、おなかも空いてきたので、ガイドさんに日本料理はあるかと尋ねました。タイの料理は口に合わなかったので、和食を所望したわけです。で、「テンプラ」といいますと、ガイドさんがニッコリ笑って「オーケー」。

それから車で連れていってくれたところが、金ピカのものすごく大きな建物です。バンコクのテンプラ屋はすごい造りだなあと感心しながら入っていくと、これがお寺でした。

「ハハア、タイは仏教の国、お昼ごはんは仏さまにお祈りしてから食べるんだろう」と合点して、神妙に手を合わせました。で、ガイドさんにもう一度「テンプラ」と念を押すと、ニッコリ笑って「オーケー」車で連れていかれたところがまたお寺。

こんなことを三回もくり返したあげく、もういいやとヤケッパチで道端のラーメン屋へ入りました。あとで聞いたら、英語でお寺のことを「テンペラ」というんだとか。

学校でもっと英語を勉強しとけばよかったと、このときはつくづく思いました。

また、仲間の木久蔵さんと、東南アジアを五カ所ばかりめぐったことがありました。香港でヤムチャへ行ったとき、二人であれも食べよう、これも食べようと、店内をワゴンに料理をのせて歩いている女性から手当たり次第に食べものを取っているうちに、小判型の一見、日本のコロッケのようなものが出てきました。

木久蔵さんが、「歌丸さん、これどうやって食べるの」。知らないと答えるのもシャクですから、当てずっぽうに、「あ、それはね、お醤油をかけて、カラシをたっぷりつけて食べるとおいしいよ」。

木久蔵さん、私のいうことに少しは疑いを持てばよいのにその通りにして、パクッと口に入れたとたんに、ものすごい顔をして吐きだしました。見ると、中からアンコが出てきた。アゲマンジュウだったのです。それからあの人は、私のいうことをあまり信用しなくなりました。

話が脇へそれましたが、外国へ行って、好きな釣りを楽しんだことが一度だけあります。

いまからひと昔前の昭和五十年。私が日本テレビの「笑点」で、ザブトンを十枚ためる快挙（?）をなしとげたときのこと。そのごほうびが、「ギリシャへ行ってマラソンができる」というやつでした。マラソンなんぞどこでだってできるのですが、わざわざ発祥の地へ連れていってくれたわけです。

ただし、ごほうびとはいえ、その実態は「仕事」です。テレビの撮影がちゃんとあって、勝手に遊べるわけではありません。で、マッちゃん（松崎真さん）をお供に、アテネ、ミコノス島、ロードス島と、十日間マラソンをしてきました。

ところで、このマッちゃんが私に劣らぬ大の釣り好き人間で、水さえ見れば竿を出したくなる人です。「歌丸さん、せっかくだから、ちょっとやってこようよ」というわけで、二人でしめしあわせて、グラスの振出し竿を持参しました。道具類は、玉ウキ数個と小物用のハリを少々、仕掛けは現地で作ることにし、さあ何が釣れるかと楽しみにして出かけたわけです。

向こうへ行って、撮影の準備中にさっそく二人で釣りはじめましたが、困ったのは餌です。現地の外人（イヤ、私たちが外人ですが）さんは、日本でいうカラス貝のようなものを餌にして釣っています。しかし、それをどこで手に入れるのかがわかりません。聞こうにも言葉がわからず、さあ弱ったなと思いました。

そのとき、ひょいと頭にひらめいたのが、ヘラブナの練り餌のことでした。ちょうど食事のあとだったので、食べ残しのパンをほぐし、料理にふりかけるオリーブ油でこれねて、耳たぼくらいの硬さに練りあげました。これをハリにつけて、足元へ仕掛けを下ろすと、玉ウキがピクピク、スーッと海中へ。すかさず合わせると強い引きで、手のひら大の白ダイのような魚が釣れてきました。

さあそれからは、マッちゃんも私も釣りに夢中。釣れるは、釣れるは、大きなボラやらタイ、そのほか名前もわからない魚が入れ食いで釣れてきます。「こりゃ面白え」ってんで、二人でキャアキャアいいながら釣っていますと、いつのまにか周囲に人垣ができていました。そして、私たちにさかんに何か話しかけてくるのですが、これがまたさっぱりわかりません。マッちゃんいわく、「日本人は釣りがうめえって褒めてんですよ」。

そのうち、通訳の人がやってきて、「あなた方の使っている仕掛けと餌の作り方を教えてくれっていってますよ」。

そこで彼らの仕掛けを見せてもらうと、ハリはでかいし糸も太い。繊細な我々日本人釣り師の目には、呆れるほどの大雑把な仕掛けです。

それから二人で、仕掛けを作ってあげるは、餌を練ってあげるはでテンテコ舞い。やがて全員で釣りはじめましたが、こんどは見ちがえるように釣れました。

そしてあたりが暗くなるころ、みんなの拍手に送られて「釣りで国際親善しちゃったねえ」なんて、いい気分でホテルへ帰ってきたら、テレビ局の連中の顔のおっかないこと。「歌丸さん、ここは仕事で来たんですから」。次の日から、撮影に出かけるときは、「釣り道具持参禁止」のオフレがでてしまいました。

このとき、ギリシャのおじいさんの釣り師に、日本のソデバリを記念に差し上げてきましたが、いまでも使っているでしょうか。また、もしいま、ギリシャで練り餌が流行しているとしたら、元祖はこの私ということになるはずです。

ヨーロッパ、アメリカ、東南アジアなど、これまで世界のあちこちへ行きましたが、どこでも、かならずといっていいほど、釣り師の姿を見かけました。しかし、私が外国で釣りをしたのは、このときとハワイに行ったときの二度だけです。自然、人情、釣法がみなちがうせいか、釣りを楽しむ気分になれないのです。もし、日本の渓流に似た釣り場が外国のどこかにあれば、ぜひ出かけてみたいと思いますが。

あらまあ、大きなオットセイ

仲間の落語家たちにいわせると、私は短気で頑固なのだそうです。ところがそういう連中だって、ふつうの人に比べれば、並外れた頑固者や強情者ぞろいなんですから世話はありません。

昔は、「落語家になりたい」といったら、親が泣いて止めたものでした。私も中学を卒業して、「オレ、落語家になる」といったら、おばあちゃんに三日三晩泣かれました。べつに悪いことをしようってわけではないのに、不思議と反対されたものです。そして、みんなそういう反対を押しきってこの世界に入ったのですから、落語家というのは頑固者ぞろいなのです。

寄席仲間でつくっていた「芸能つれとる会」の面々が、ヘラブナのハコ釣りに繰りだしたことがあります。私や猫八さんや、曲ゴマの三増紋也さんたちがキャアキャアいいながら釣っているのに、文楽師匠だけはさっぱり釣れません。場所が悪いんじゃないかと気を使って、「師匠、こちらへどうぞ」といったら、「いいえ、あたしはここで」と、意地を張って動きません。さすが頑固だなあと感心していたら、そこへ釣り堀のおやじがバケツを両手に下げてやってきました。そして、文楽師匠のそばへ行くなり、中のヘラブナをザアッとあけて、手でもって師匠のほうへ「シッシッ」。あれには私も驚きました。

文楽師匠は、凝るというほどではありませんが、釣りはお好きな方でした。出かけるときはかならず完全装備で、いい加減な恰好はしなかったものです。上野鈴本の大旦那が家を改築するとき、庭の池の魚を全部釣っちゃっていいと、私たちに声がかかりました。遊び半分の釣りだし、なんせ東京のど真ん中ですから、私たちはふつうの恰好で行ったのですが、文楽師匠は釣り帽子をかぶり、リュックを背負い、ちゃんとゴム長靴をはいて現れました。さすが明治生まれの人はちがうものだと、私たちはみんな感心したものです。

ところで、各地を釣り歩いているとじつにさまざまな釣り師と出会いますが、ときに、我慢づよいというか強情というか、私も顔負けするような立派な人に出くわします。

ずっと昔、多摩川下流の登戸へ小物釣りに行ったときのこと。しょっちゅう顔を見かける常連の釣り師が、ヘラブナを釣っていました。私は少し離れたところでヤマベを釣りはじめましたが、しばらくするとこの人に大物が掛かりました。見ると、二間半の竹のヘラ竿が満月をえがいて、穂先がもう、手元のところまできています。そのうえ両手で竿をためるのが精一杯で、側に置いてある玉網を手に取ることもできません。竿のほうはいまにも折れそうにギシギシ鳴っています。

私は、よほど手伝ってやろうかと思いました。しかし、こういう場合は、ご本人が「頼む」といわない限り、まわりは手出しをしないのが釣り師の決まりです。それで「この人、どうするつもりかな」と思いながら、自分の釣りをやめてしばらく見ていました。

そのうちに、見物していた人たちのなかから一人の子供が出てきて、「おじさん、ボクが潜って取ってきてやろうか」といいました。もうこのときには、魚がヘラじゃなくて、コイか何かだろうとわかっていたので、そのヘラ師もやっと「ウン」といったわけです。上物の竹竿を外道に折られちゃかなわんと思ったのでしょう。

それから子供が潜って網にすくいとってきたのが、大きなナマズです。これでは上がるはずがないというくらいデカイ奴が、のどの奥までハリを呑みこんでいました。おかげでヘラ竿はすっかり曲がり、見るかげもありません。で、釣り師のほうはしょげてしまって、もそもそと道具をしまいはじめました。

私はこの様子を見ていて、釣り師ってのはなんて強情なんだろうと思いました。ひ

と声「助けてくれ」といえば、大事な竿を駄目にせずにすんだろうに、最後の最後まで意地を張って、そのあげくが外道です。気の毒というか、何というか。

するとこのとき、向こうから三人連れのおばさんがやってきました。そして、河原のナマズを見るなり、「あらまあ、大きなオットセイ！」。

私たちはドッと笑い、釣った当人も仕方なさそうに苦笑い。しかし、この素頓狂な一言で周囲の空気がやわらいだのは救いでした。

こんなふうに、釣り師というのは、自分の掛けた獲物に最後までこだわります。助平根性というのでしょうか、中途で諦めることができません。

川でも海でもよく見るのは、置き竿にして小便をしに行っているあいだに、魚に竿を持っていかれる光景です。戻ってみたら竿がない。見ると、川の中を竿がスイスイ泳いでいたりします。また、それが心配で、小便をしながら首だけねじ曲げて竿を見張っている人もいます。そんなに心配なら、用を足すあいだだけ竿を上げとけばいいのですが。

しかし、そういう私も人さまのことはいえません。

昔、狩野川でヤマベ釣りをしていたら、にわかに小便をもよおしました。まわりを見ると、誰もいません。そこで、行儀が悪いのを承知で、竿を持ったままチャックをあけて放水をはじめました。とたんにウキがピクピクピク。とっさに合わせると、クックックッといい引きです。

さあ、小便は止まらないし、魚は引く。おまけに、このときに限って小便の長いこと、長いこと。

で、あとで考えてみますと、こんなときの釣り師というのは竿も見なけりゃウキも見ない、誰か他人が見ていないかと、そればっかり気にしているんですからおかしなものです。我がことながら、あとで思い返して笑ってしまいました。

嘶百遍

ときどき、釣りを知らない人から、「歌丸さん、釣りっていったい、どこが面白いんです?」と聞かれることがあります。しかし、そう聞かれても、私はうまく答えることができません。

はやい話、私が酒飲みの人に向かって、「酒っていったい、どこがうまいんです?」

と聞いたとしたら、聞かれた人は困るでしょう。なにしろ私は一滴も飲めないんだから。

釣りも同じで、釣りをしたことのない人、あるいは嫌いな人にたいして、いくら口を酸っぱく説明しても、所詮わかってはもらえないような気がします。

それに、ひとくちに「釣り好き」といっても、その好みの内容は人さまざまではないでしょうか。

たとえば、海釣りと川釣りではまるで釣趣がちがいますし、川釣りのなかでも、アユとヤマメは性格の異なる釣りです。また、釣果第一主義の人がいる一方、静かに糸を垂れるだけで満足する人もいます。人それぞれ顔形がちがうように、釣り師の好みもみなちがうわけです。ですから、結局、自分なりの楽しみ方、釣り方を見つけることがいちばんだと思います。

私は頑固者ですから、自分の流儀を押しとおしてきました。競技会は性分に合いませんし、いくら釣れる場所でも、他人の肩のあいだから竿を出すような釣り方はしたくありません。また、釣り師として当然守るべきマナーも、自分なりにこうと決めたことを守りつづけてきました。

こうした私の流儀は、私の釣りの師匠である五宝亭のおやじさんや、釣り場でたまたま出会ったほかの釣り師から教えられたことがずいぶんあります。

たとえば五宝亭のおやじさんは、「浮気をするな」といいました。あっちの釣りこっちの釣りとフラフラしないで一つを釣れ、ワカサギを釣りにきて、釣れないからフナをやろうじゃ駄目だ、それではほんとうの釣りの楽しさがわからなくなるというのです。

なるほどそうだ、と思いました。

私たち落語家の世界にも、「噺百遍」という言葉があります。一つの噺を百遍やれば、そこで初めて自分のものになる、というわけです。

釣りも、一つの釣り場に百遍通えば、見えない水の中のようすがしぜんとわかるようになります。水底の地形、魚道、水色のちがい、その日のタナ、ポイントなどが、だんだんと呑みこめてきます。ですから私は、ひたすら通いつめて覚えました。また、こうして体験で覚えたことは、けっして忘れたりはしないものです。

話が少々かたくなりましたが、釣りの流儀に関して、私が釣り場で見聞きしたことをすこし書いてみましょう。

昔、川で知りあったご老人で、ヤマベ釣りの大好きな方がいました。で、この人の流儀というのが、上アゴへハリ掛かりした魚でなければ、絶対にビクに入れないということでした。

上アゴへ掛かったやつは自分が釣った魚だ、下アゴとか横へ掛かったやつは、釣ったんじゃねえ釣れたんだ、釣れた魚はいらねえ、というわけです。

私は立派だと思いました。何でもビクに入れてしまえば、数は伸びます。また、人に自慢もできます。他人様は、スレで釣れたかどうかなんてせんさくしません。たくさん釣れていれば、「すごいですねえ」と素直に褒めてくれるものです。

しかし、数を釣ればいいのは職漁者の釣りで、素人の私たちは楽しみで釣るのですから、この老人のように自分の流儀にしたがって釣るのがほんとうではないかと思うのです。また、実際、そのほうがずっと楽しいはずです。

私はここまで厳しくはありませんが、外道はビクに入れません。数年前、金田湾にシロギス釣りに行ったとき、そのことで船宿の主人からたいそうお誉めにあずかりました。

あそこはご存知のように、いろんな魚が釣れてきます。シロギスをはじめ、メゴチ、小鯛、カレイ、ベラ、アナゴ、アイナメ、イイダコ、ホウボウなど、そりゃあ賑やかなものです。

けれども、私はシロギス釣りにきたんだから、ついでに釣れた外道は全部逃がしました。ですから、ビクの中はシロギスだけ。その私のビクをのぞいた船宿のご主人が、「さすが師匠、これがほんとうのキス釣りだ」と褒めてくれて、私も嬉しかったものです。

べつに自慢のつもりじゃなく、それが私の流儀でして、五目釣りの好きな人はいろいろ釣って一向にかまわないわけです。そもそも五目釣りに「外道」はないのですから。ただ、シロギスで行くなら、シロギス以外は持ち帰らないと決めたほうが、結果的によく釣れることも事実ではないでしょうか。

川に行くときも同じです。たとえばタナゴ釣りに行くとき、「何に行くんです？」と聞かれたら、私はいつも「タナゴとフナで行きます」と答えます。「タナゴで行きます」というと、フナが外道になってしまいますが、タナゴと小ブナはだいたいが対でくるものです。両方いっとけば、両方釣ってきても恥ずかしくありません。しかし、ここへドジョウを入れると恥ずかしくなります。

釣った魚を、全部逃がしてくるという人もいます。ヘラ師なんかがだいたいそうです。ところがこれにも流儀があって、たとえばお料理の土井勝さんなんか、フラシにさえ魚を入れないという釣り方です。何かの機会に見たのですが、魚を掛けて、手元へ寄せてきて、タマですくう。それをそのままハリから外し、スッと水中へ逃がしてやる。山村聡さんも同じですが、ご両人とも、姿といい釣り方といい、じつにきれいなものだと感心したものです。

ヘラブナで思い出しましたが、釣った魚を食べる人と、全然食べないという人がいます。ヘラのようなゲームフィッシュは別として、この食べる食べないも一種の流儀なのかもしれません。

食べる人は、「人間の胃袋におさめてこそ、魚は成仏できるんだ」なんてことをいいます。ほんとうに成仏したかどうか、見た人はいないようですが。

一方、食べない人はどうするかというと、ご近所に配ったり、水槽で飼ったりいろいろでしょうが、なかには「うちのネコにやるんだ」といって持ち帰る人がいます。見ると尺以上の立派なコイだったりして、はたの人が、「あ、もったいねえなあ、うちの子供に食わせたい」なんていってたりします。

私の場合は、小ブナとタナゴは水槽へ、ほかのはだいたいご近所か知合いのお宅に配ります。それで喜ばれているのは、ワカサギの甘露煮。釣りたての新鮮なやつを、砂糖とお酒とお醤油で煮るだけの簡単なものですが、ちょっとしたコツがあって、これの作り方は五宝亭さんに教わりました。

仲間うちでは、「歌丸さんとこのワカサギの甘露煮は、絶品だね」なんてお世辞をいってくれる人がいる一方、「今年はまだかい」と催促してくる人がいます。たまには船代出せっていうのですが、自分の食べるぶんが減っても、こういわれると嬉しいものです。

ただし、この甘露煮も相当釣らなきゃ作れません。だから、うちの近所で三人くらい、カミさんも含めているところへ帰っていって、「今日どうでした?」「ああ、駄目だった」ってことになると、それから買い物カゴを持って飛びだしていく。わりとあります、こんなことが。

三章 海・川・湖沼遍歴

――おかしな、おかしな釣り行脚

少年時代

釣りをはじめて、今年でもう何年になりますか……。

「兎追いしかの山、小鮒釣りしかの川」という、あの懐かしい小学唱歌の歌詞ではありませんが、誰しも少年のころには、近くの小川や池などで、釣りをして遊んだ思い出があると思います。それが大人になるにつれて、だんだんとほかのことへ興味が移り、子供のころの釣りの楽しさを忘れてしまいます。

しかし、私の場合は、歳をとるにつれて、忘れるどころか、下に〝狂〟の字のつく釣り好きになってしまいました。学校をでて噺家になっても、釣りとの縁だけは切れず、釣り三昧の明け暮れでした。いまでもよく冗談で、「釣りも仕事のうちだ」「釣りで食えないから噺家やってんだ」というのですが、そんな調子ですから、釣りが私の人生の半分といってもいいくらいです。

そんな私の四十年におよぶ釣りの歴史も、スタートはやはり家の近所の小川でした。

といっても都会のど真ん中のことですから、小ブナやカジカの棲んでいる田舎の小川とはずいぶん趣きがちがいます。

私が生まれ育った横浜の真金町というところは、昔から色街として賑わったところですが、港に近かったせいか、町の中を水路が縦横にはしっていました。いま地下鉄が通っているところや公園になっているところなどが全部運河で、そこへ海から、ハゼですとか、ウナギ、ワタリガニ、ボラ、イナなどがたくさん上がってきていました。家から歩いてほんの二、三分のところに、そんな自然の釣り場がいくらでもあったのです。ポンポン船がいきかい、夕方になると漁船がとりたての新鮮な魚をはこんできました。

この運河で、私は、子供のころから釣りをして遊びました。当時は終戦直後ですから、子供の遊びといったら何もありません。ベーゴマもメンコも、ビー玉すらろくすっぽなかった時代です。遊び道具というと、全部自分でこしらえなきゃなりません。ですから、結局、近くの運河で、カニをすくったり、小魚を釣るというのが私たちのいちばん手頃な遊びだったのです。

いまでは想像もつきませんが、あのころは川の水だってきれいでした。潮入り川ですから、上げ潮になると海の水が上がってきます。その水が、海の色をしていたというと変ですが、ほんとうに青い色をしていました。そして、潮に乗って海から大小の魚が群れをなしてのぼってくるのが、岸に立っていて見えたものです。

そういった魚を、下は四、五歳の幼児から上は七十、八十の老人まで、仲良く河岸に並んで釣りました。奇妙な話ですが、ときには近くの遊廓にお勤めの女性たちまで、竿をにぎって釣っていました。なにしろひどい食糧難の時代でしたから、釣れた魚がそのまま晩のおかずになったのです。現在の釣りのような「趣味と実益を兼ねる」なんてシャレたものではありません。まさに実益だけの釣りでした。

そんなわけですから、道具なども粗末なものでした。四、五本つなぎの竹竿があのころの値段で五十円から八十円。百円の竿というと子供にとっては高級品で、私たち小学生は五、六十円の安竿を買ってもらって大喜びでした。ですから、竿はもちろんのこと、ハリ一本だって貴重品というわけで、それはそれは大事にしたものです。そのかわり、餌などはお金を出さなくたって、潮が引いたときに川底を掘れば、ゴカイがいくらでもとれました。

そんなに大事にしていた竿を、あるとき、魚に持っていかれそうになったことがあります。

いつものように運河で釣りをしていると、ウキがピクピクッと動きました。そして、

次の瞬間には竿先がガクンと水中にひきこまれ、あわてて竿を立てようとしたとたん、穂先がスポッと抜けてしまったのです。

ボラのでかい奴が掛かったのですが、さあそれからがひと騒動。竿先がずうっと魚といっしょに川の中を泳いでいきます。ボラは海の魚ですから、下げ潮になると海へ出ていってしまうのです。そうなっちゃおしまいですからあわてました。

泳ぐ穂先を追いかけて、ほぼ半日というもの、上流へ下流へと行ったり来たり。いまとちがって替え穂なんか売っちゃいませんから、失くしちまうとあらたに竿一本買わなくちゃなりません。掛かった魚より竿先が惜しくて、そりゃあ必死で追いかけました。

結局、橋の下にきたところを、友達の竿を借りて釣り上げましたが、あんなに嬉しかったことはありません。

仕掛けなどは、近所に釣り具屋があったので、そこのおやじさんに教わりました。子供のことですからいい加減なものでしたが、それでも結構釣れたのです。つまりそれだけ魚の種類や数が多く、また、魚がスレていなかったのでしょう。

当時の釣りでいまでもよく覚えているのは、四年生のとき、ハゼを大釣りしたことです。家の近所では飽きたりなくて、黄金町の駅の近くの運河へ出かけましたが、二十センチから二十五センチという型ぞろいのハゼばかり、なんと一束も釣り上げたことがあるのです。しかも、まわりの人たちは誰も釣れていないのに、私ばかりがどんどん釣れる。もう夢中になって釣りましたが、じつはそのあとが大変でした。

というのは、日が暮れても帰ってこないので、家の者が心配して、友達なんかにも頼んで捜したそうですが、いつも釣っている場所にはいないわけです。さあ、川に落っこったんじゃないかと大騒ぎしているところへ、鼻高々で「ただいまア」と帰っていったものですから、おバアちゃんに釣り竿が折れるまでひっぱたかれました。

そのとき「もう釣りしちゃいけない」っていわれましたが、五日くらいして「釣り竿買ってよ」と恐る恐るいったら、案外あっさりと買ってくれました。おバアちゃんにしてみれば、一時は心配のあまり叱ったものの、孫のたった一つの楽しみを取り上げてしまうのはかわいそうだと思ったのかもしれません。

そんなわけで、私の釣りというのは、小学校へ上がる前後からはじまって、ずうっと今日まで続いています。もうすこし学年が上になると、じょじょに海のほうへと出ていって、いま氷川丸があるあたりや山下町の岸壁のあたりで、小アジやボラ、クロダイなんかを狙いました。もっともクロダイだけは、残念ながら一匹も釣れませんでしたが。

また、六年生くらいになると、夏休みなどは夜中の三時ごろに家を出て、友達五、六人と網をかついで港の赤灯台あたりまで行き、よくワタリガニをとってきました。三時というとまだまっ暗ですから、毎回のように途中の交番でおまわりさんに呼びとめられて、「おまえら、この夜中にどこへ行くんだ」と聞かれました。で、「カニすくいに行くんです」というと、「そうか、気をつけて行けよ」って注意してくれましたが、いまの小学生がそんな時間に歩いていたら、きっと補導されてしまうでしょう。

ワタリガニは、夜光虫が甲羅についてキラキラ光るので、暗いなかでもいる場所がよくわかりました。それを手製の粗末な網でしゃくってくるのです。夜がしらじらと明けるころ、こんどはパンツ一枚になって標灯まで泳いでいき、三時半ごろから七時か八時ごろまでやって、買い物かごにいっぱいとってきて家中で食べる。そりゃあおいしかったものです。いまはもう、ワタリガニなんかめったにいやしませんけど。

あのころ一緒に釣りをしたり、カニをとったりした仲間たちもいまは散り散りになってしまいました。振り返ってみると、みんな夢のような思い出です。

メダカ釣り

釣りにかぎらず、道楽と名のつくものは何でも同じことでしょうが、のめりこむといろいろ面倒なことが起きてきます。葬式だ、法事だ、家族が病気だとウソをついては釣りに出かけ、それがもとで勤めをしくじったり、女房に逃げられたなんて話はべつに珍しくもありません。

私も若いころは、ずいぶん冷や汗ものの経験を重ねました。昭和三十年代のことですが、近所で火事があって隣の家まで丸焼けになり、私の家も水をかぶったということがありました。こんなとき、ふつうの人なら、次の日は何かと後片付けで忙しいはずです。しかし、悪いことは重なるもので、その日は釣りの大会があったのです。それで、もちろん私は釣り大会のほうへ行っちゃいました。仕事もそっちのけで。

そして、何尾かの釣果を得て意気揚々と帰ってきたのですが、たちまちバレて、師匠の米丸に呼びだされました。いや、怒られたのなんの。「火事の後始末で仕事を抜いたと思ったら、ナニ、釣りに行ってた?」。釣りにも行きましたが、ついでに師匠のあのタレ目まで釣り上げちゃったわけです。それからしばらくのあいだは、さすがの私も、おとなしくせざるを得ませんでした。

また、こんなこともありました。

私に勝るとも劣らない釣りキチの円右さんと、新宿末広亭で、昼夜の部に分かれて出ていたときのこと。私が夜の部で、円右さんが昼の部でした。そうしたら、ある日円右さんが、「歌丸さん、悪いけど○日の昼夜、交代してくれないか」というのです。たしか「大事な用ができちゃって」との理由でした。で、私は、「いや、その日はちょうど昼に仕事があってダメなんですよ」と断り、円右さんも「じゃあ、ほかの誰かに代演を頼みます」と、その場はそれで終わり。しかし、その日じつは、私は仕事じゃなくて、相模湖にワカサギ釣りに行く予定だったのです。

そして当日、そんなことはすっかり忘れて、湖に舟を浮かべていい気分で釣っていますと、向こうから見たような頭の人が舟でやってきます。それがなんと円右さん。イヤ、二人とも気まずいったらありません。それ以来、二人で代演は頼まなくなりました。

ところで、いま落語界で釣りをやる人というと、この円右さんと私のほかには金馬さん、柳家小せんさんくらいでしょうか。川崎にお住まいの春風亭柳好師匠も大の海釣りファンですが、最近は体調を崩して御無沙汰のようです。で、そのほかの連中というと、ゴルフだとかくだらないものばっかりやっていて、釣りのような高級な趣味の持ち主は少数派です。

昔は、先代の金馬師匠を筆頭に、小勝師匠、桃太郎師匠など、釣り好きの噺家がおおぜいいて、「芸能つれとる会」という会をつくって、船を仕立てたりしていました。なかでも金馬師匠は、海のハゼ、青ギスをはじめ、川のフナやタナゴまで、四季折々の釣りものを幅広く楽しんだ方でした。

私は、この金馬師匠にメダカ釣りを教わったことがあります。楽屋で「こうすンだよ」って要領を教わっただけですが、あれは不思議な釣りでした。

まず仕掛けですが、タナゴばりの極小のやつを五、六本、うーんと細いハリスに結びます。これを道糸に五センチほどの間隔につけて、餌は赤虫。ウキとかオモリは使いません。

これを、メダカが群れているところへスーッと流してやる。するとメダカが赤虫に食いつくのですが、なんせ、あの通り小柄ですから、ハリまで呑みこむことはできません。ただ、餌の先っちょをほおばるだけ。それをソーッと手元に引いてきて持ち上げると、口から餌をはなしてポトッと落ちるという次第。

「ほんとかなァ」と思いましたが、次の休みに家の近くの三溪園の池へ行って、さっそく試してみました。

あそこはどなたかのお屋敷跡で、私が子供のころはフナがたくさん釣れました。もちろんメダカもワンサカいたので、恰好の試し釣りができたわけです。で、教わった通りの仕掛けを作って、タナゴ竿で釣りましたが、驚いたことに、ほんとうにメダカが十何匹か釣れました。

次に師匠に会ったとき、「釣れましたよ」といったら、「そうかい、メダカの佃煮、オツだろ」。

オツだろったって、佃煮にするほどメダカ釣るのは大変ですから、私はそれ一回きりでよしちゃいましたが。

金馬師匠には何度か釣りにご一緒しましたが、「そんな釣り方じゃいけねえ」とか、ああでもないこうでもないと、ひっきりなしに小言をいわれる。それをうるさいと思っちゃいけないんで、私は何でもありがたく教わりました。いまでも役に立っていることがたくさんあります。

「芸能つれとる会」は、落語家や寄席芸人の集まりですから、そりゃあ賑やかなものでした。どこへ行くにもワイワイガヤガヤ、おまけにしょっちゅう「事件」が起きる。茨城県の土浦へ、タナゴ釣りに行ったときもそうでした。

おなかが空いたから何か食べようということになって、「土浦だからウナギがいいや」「それじゃ、さがしてきましょう」てんで、私と柳亭《りゅうてい》左升さん（現在の三升家勝太郎さん）の二人が食堂をさがしに行きました。

で、お店が見つかって、「ウナ丼いくらです」と聞くと、「五百円です」という返事。私ら二人、目をむいてしまいました。だって、昭和三十二、三年ころの五百円というと、いまのお金で四、五千円はします。いくら何でも、こりゃひどい。よそ者の釣り師だから足元みたナと思いました。で、「あ、そッ。じゃあいま、十二人昼めしを食いに来るから、用意しといて」「ハイッ」。それっきり行かない。みんなでよそへラーメン食べに行っちゃいました。これ、もう時効だと思いますが、悪いいたずらをしたものです。

それから、先代の桃太郎師匠なんかは、ヘラ釣りに行ってお百姓の耳を釣っちゃったなんてこともありました。

ヘラ師は竿を振り込むときに、ハコ釣りでは「ハイッ」とか「振ります」といって、後ろを通る人に声をかけるのが礼儀です。ところがこのときは野釣りだったので、うっかりそのまま竿を振った。そのとたん、後ろの土手でしゃがんで見ていたお百姓さんの耳にハッシとハリ掛かりしてしまったわけです。

「イテテ……」というのを、師匠、あわてているものだから、「スイマセン、スイマセン」といいながら竿を立てる。それでヘラブナを寄せるみたいに、お百姓さんを手元に引き寄せちゃったというのですからひどい話です。

しかもこの当時、桃太郎師匠は我が『芸能つれとる会』の会長サンでした。

短気者

釣り師は気が長いんじゃないかと思われますが、とんでもない。気の長い人間に釣りはできません。気の長い人間ですと、餌をつけて放りこんで、魚がくるまで待っています。ところが気の短い人間は、餌をつけて魚がこなければ、餌が悪いんじゃないか、場所が悪いんじゃないかと考え、まめに仕掛けを取りかえたり、場所を動いたりするわけです。それが上達につながってきます。

ですから、こんな気の短い人間が他人の釣りを見ていると、ついちょっかいを出したくなります。

「ああ、もしもしおまえさん」

「大きな声を出しては困るね」

「さっきからそのウキがピクピクときてるんじゃありませんか、早く合わさないと餌をとられてしまいますよ」

「知ってるよ、この人は騒々しいな。静かにしておくれ」

「静かにしろったって、気になるね、ああまた……それ引っ込む、引っ込む、ちょっと上げてみておくんなさい、わっしあ急ぎの用をかかえているんだがね」

「用があるならさっさと行きねえ、なにも見ていてくれと頼みゃしねえよ」

「それ、また引っ込むよ」

「うるさいね、この人は……」

「ほーらみねえな、いわねえこっちゃあねえ餌をやられてるじゃねえか、さっきとんときたときに合わせれば掛かってたんだ、まずいもんだ……やあ、こっちの竿もおまえさんのかい、またウキがうごいてますぜ」

とまあ、こんな具合で、見ている人のほうが気をもんでいる。これが釣り師気質というものでしょう。

釣りキチの下にまた〝狂〟のつく私も、御多分にもれず気が短い。昔は子供を叱るのに、手が口より先にでてまわりをハラハラさせたものです。娘に「うちのお父さんは、怒るとすぐ物を投げつけます」と作文に書かれて、赤っ恥をかいたことがありました。自分でも困った性分だとは思いますが、こればかりは医者に注射をしてもらって治すというわけにはいきません。

家の中ならまだしも、釣りをしているときに短気が顔をだすと厄介なことになります。

厚木のほうの小さな川で、ヤマベを釣っていたときのことです。せっかく釣れはじめたところへ五十がらみのおやじがやってきて、私の釣っている真向かいで投網を打ちはじめました。

私は「やめてくれ」といいました。「私より上へ行っても下へ行ってもいいけれど、私はここで釣りをしているんだ。鼻先でバチャバチャやられちゃ、魚が釣れなくなっちゃう」

するとそのおやじは、憎たらしい顔で、「そっちはそっち、オレはオレ。オレだって鑑札持ってるんだから、楽しむ権利はあるんだ」と、しゃくにさわることをいいます。

それから、「そんな勝手な理屈があるか」ってんで、川をはさんで大ゲンカ。しま

いには、田んぼの中から竹竿の長いのを拾ってきておやじの尻を追いまわしました。とにかくこんな非常識な人間がいる限り、ケンカの火種は尽きません。

私同様、短気者の春風亭柳好師匠も、海釣りに行ってケンカをしてきたといいます。川崎の船宿から夜アナゴ釣りに出たそうですが、その日は趣向を変えて楽しもうと、いつもの手バネ竿でなく、短いリール竿を使用。すると、これを横目で見ていた同舟の乗合い客が二人で、「ねえ、あの人はアナゴ釣りにリール竿を使っていますよ。知らないんですね、釣りを」と、いかにも人を馬鹿にしたようなヒソヒソ話。

さあ、これが柳好師匠の耳に入ったからたまりません。ムカッときて思わず、「オレは釣りを楽しんでんだ。テメエたちみたいに欲で釣りをしてるんじゃねえやッ」とタンカをきってしまった。いってから「シマッタ」と思ったそうですが後の祭。双方で大変きまりの悪い思いをしたといいます。

ところで、釣り師といえば、船の船頭も釣り師の一種ですから、なかにはやはり気の短い人がいます。

横浜から大ゴチ釣りに出たとき、私の竿にいちばん最初にアタリがきました。「船頭さん、きたよッ」と声をかけると、すぐに玉網をつかんで飛んできてくれたまではいいのですが、たぐってくる途中で私がバラシてしまった。とたんに、玉網の太い柄で私の頭をボカッ。

なにも殴らなくてもいいのに、手荒らなことをするものです。腹が立って船頭に食ってかかりましたが、向こうは釣らせたい一心でしたのでしょう。あとで仲直りをして、その後はずっとその船頭の船に乗りました。

人当たりのいい船頭が多くなった昨今、懐かしい思い出です。

相模湖の釣り

秋口から冬にかけてのワカサギ釣り——。

繊細で、釣り方がむずかしくて、そのうえ風情があって、私の大好きな釣りものの一つです。

毎年、ほとんど欠かさずに出かけますが、この冬は私のホームグラウンドの相模湖が絶不調で、淋しいシーズンに終わりました。船宿の五宝亭の話では、不調の原因は去年の台風のせいではないかといいます。相模湖は増水するとダムの底水を落とすので、下のほうに群れているワカサギの稚魚が水といっしょに流されてしまうのかもしれません。せっかく毎年放流しても、これではほとんど無駄なわけで、何とかならないものかといつも残念に思うのですが……。

ところで、私が初めてワカサギ釣りをしたのは、かれこれ二十年も昔のことになります。

記憶も薄れているので、古い「釣り日記」を引っぱりだしてみますと、昭和三十九年のノートにこんなことが書いてありました。何カ所か抜き書きしてみます。

「十一月二日。痴栄蔵さん（痴楽師匠のお弟子さん・故人）と相模湖にワカサギ釣りに出漁。新宿六時二十分発の長野行きに乗車。七時三十分、相模湖着。五宝亭より舟を出した。青田沖に舟を止めて釣りだし、竿を三本だしてアタリを待つ。痴栄蔵さんがまず一匹釣った。三本のうち一本を手に持って誘っていると小生にもアタリがあり、十センチ級がくる。それからぼつぼつアタリがあるが、あまりハリがかりせず。舟の止め方がわるかったのか、動いてばかりいて苦労する。昼食を食べ、午後から釣る場所を変えたが、全然アタリなし。午後からはみんな不調だった。三時納竿までに、十一センチをかしらに七匹。餌、赤虫、紅サシ。舟代、二人乗り六百円」

七匹というとワカサギ釣りでは貧果ですが、私の初釣りはこんなものだったわけです。

ついでに書くと、この日の私の道具は、氷上釣りのものより少し長めの手製の竹竿が一本と、ハゼ用手バネ竿のやわらかいのが二本でした。そして、仕掛けは標準的な七本バリ。たしか、痴栄蔵さんの道具立ても私と似たりよったりだったと思います。で、このときに気がついたのですが、周囲のベテランたちを見ると、渓流竿なみの長くてやわらかい竿を一人で五、六本から、多い人では十本以上も出していました。しかも竿を上げたときに観察すると、ハリがなんと、二十本以上もついています。つまり、竿にしろ仕掛けにしろ、素人の私たちとはまるっきりちがっていたのでした。

これでは、初心者の私たちはかないっこありません。まず道具を直さなくてはと思い、それから家で、暇をみては見よう見まねで竿と仕掛け作りに励みました。

で、日記を見ますと、二回目の相模湖行きが同月九日。つまり、一週間後にまた出かけたわけです。熱心というか何というか。落語の勉強もこれくらいやればいいのですが。

「二度目の出漁。勝瀬（勝瀬橋の下）にはいる。一本をサシ、二本を赤虫で底を狙った。ほかの舟の人が一、二匹上げたが、小生全然アタリなし。場所変えをしたが駄目。思い切って一人で青田沖まで行くが、こっちも駄目。その下のキャンプ（白岩キャンプ場のこと）の立て札のところまで行ったが、アタリがあったもののハリ掛かりせず。午後、もとの勝瀬にもどったが全然駄目。午後三時半、思い切って納竿」

駄目、駄目、全然駄目、と書いているように、結局この日は、一匹も釣れなかったわけです。そして、この後に弁解がましくこう書いてあります。

「五宝亭主人の話では、まだ寒さが弱くて、十二月の声をきかなくては駄目らしい。今後は、北西の寒風が吹いたあとの暖かい日を選べば釣れるとのこと……」

さあ、それから三度目の挑戦が、やはり同じ月の二十六日。このときまでに、私は自己流ながら、相模湖用の竿を何本かこしらえていました。

「相模湖へ痴栄蔵さんとワカサギ釣りに出漁。八時頃よりミネゾノ（私たちの仲間が〃赤屋根〃と呼んでいたポイント）入り口に舟を止める。小生らのほか、もう一人釣り師がいて、合計三バイで釣る。はじめのうちアタリはなく、岸からいちばん沖へ出ていた人が、一人だけ釣れている。

五宝亭の主人がきて、舟を沖のほうへ出さなくてはいけないというので、ロープをいっぱいに出したところ、アタリはじめる。十二時ころまで入れ食いが続いた。三本の竿がいっぺんにアタリだすことも始終。置き竿に七匹（このときは十本バリにしていた、それに七匹かかったということ）ついてきたことも三、四回あった。三、四匹はのべつ。

あとからきた痴栄蔵さんも、小生の後方であげている。一時ごろ、食いが止まり、二時ごろまた食いがあったが長続きしなかった。

四時半納竿（暗くなるまで釣っていたわけ）までに一束と九匹。型は大中混じり。餌、紅サシ、赤虫。舟代四百五十円、一人乗り。この日の朝、霜らしい霜を初めて見たと五宝亭では言っていた。タナ、四ヒロから五ヒロ、下八ヒロ」

これで見ると、前二回の不漁にもめげず、三回目にしてようやく、相模湖のワカサギ釣りをある程度会得できたことがわかります。

そして、数日後の新聞の釣り欄には、「二十六日に『芸能つれとる会』の桂歌丸さんが、百九匹、一・二キロのワカサギを釣りあげて、当の竿頭」なんて記事がのりました。

三回目で竿頭とは少々くすぐったい気もしますが、とにかくこれですっかりワカサギ釣りの魅力にとりつかれ、以後はもう頻繁に相模湖へ通うことになります。

ワカサギ釣りに開眼

話は続きますが、さきほどの三日目の大釣りにはちょっとした裏話があります。完全にボウズだった二回目の出漁のとき、じつをいうと私は、他人の釣りを、半日じっと眺めていました。

この当時、相模湖には神田さんというワカサギ釣りの名人がいて、私も五宝亭でその噂を耳にしていましたが、ちょうどこの日、あちこちと場所を移動しているうちに神田さんの姿を見つけたのです。

そこで、私は神田さんの近くへ舟を寄せて「見させてくれ」と頼みました。「どうぞ、いいですよ」と気持ちよく了解してくれたので、それからずっと、邪魔にならない距離から、神田さんの竿のさばき方、竿の調子、仕掛け、タナのとり方などを全部観察させてもらいました。

これはものすごくタメになりました。

さすが名人といわれるだけあって、素人の私たちとは一味も二味も釣り方がちがいます。私たち噺家の世界でも、「芸は盗め」といって、師匠の芸を真似することが修業の第一歩です。それが上達の近道であることを若いときから叩きこまれて育った私ですから、このときも目を皿にして神田さんの釣りを見ていました。

で、家に帰って、自分で竿をこしらえました。グラスの穂先を買ってきて、古いのべ竿の先を叩き切ってそこへつなぎ、三号のオモリで調子がつくように仕上げました。三本作るのに、ほぼ二週間かかったと思います。

そして、この竿を持って出漁したのが〝三度目の正直〟につながったわけです。

このように、私が相模湖のワカサギ釣りに開眼するきっかけとなったのは、神田さんの釣り方を観察したことですが、その後一人前に上達するまでは、五宝亭のおやじさんにずいぶん世話になりました。

いまでは二十年来のお付合いで、親戚同様の交際をさせてもらっていますが、この人には釣りを通じて人生の勉強もさせてもらったという、文字通りの師匠です。釣りの技術的な指導は無論のこと、釣り師としての心構えや考え方にいたるまで、私がこのおやじさんから学んだことはけっして少なくありません。

技術的な面では、それこそワカサギ釣りのイロハからはじまって、いろいろなことを教わりました。

相模湖のワカサギ釣りは、ほかの湖の釣りに比べると、技術、釣趣の両面で格段の開きがあります。湖面が広く、しかも深いので、ポイントの選び方、タナのとり方がむずかしく、相当経験を積まなければおいそれとは釣れません。

私は、最初のうちは舟の止め方ひとつ、うまくできませんでした。岸の木の幹や岩などにロープをゆわえ、それを引きながら沖のポイントへ出てアンカーを下ろすのですが、慣れないうちはポイントを外したり、風で舟を流されるなど四苦八苦したものです。そんな私を見て、五宝亭さんは「舟の止め方も釣りのうち」といい、懇切にやり方を教えてくれました。

また、五宝亭では、ほかの船宿とちがって、ボートではなく和舟を貸しています。これは大きくて安定性があるので、舟の中を立って歩くことができるわけです。ですから、ベテランになると舟べりに竿を十本以上も並べて、舟の中に仁王立ちになって拍子をとりながら舟を揺さぶり、仕掛けをおどらせて魚の食いを誘います。アタリがあると、フッと体で合わせたりして、そりゃあ上手いものです。

初めのうち、私は恐くて底を這いずっていましたが、だんだん慣れて舟の中を立って歩けるようになりました。こうなると、竿数が多くても能率的に釣り上げることができます。ワカサギ釣りは、食いが立ったときにいかに手返しよく釣り上げるかが勝負ですから、舟中の移動が上手い人ほど釣果も伸びるわけです。

余談ですが、あるとき、この舟の中での立ち歩きが非常に軽快で、上手な人に出会いました。まるで踊りを踊るようなしぐさで、ひょいひょいと動きまわっているのです。感心して見ていましたが、あとで聞いてみるとダンスの先生でした。冗談ではなく、ほんとうの話です。

で、私も見よう見まねでかなり練習をして、しまいには舟の中を駆けだせるようになりました。

ところが、相模湖のベテラン連中がみんなやっているこの釣り方が、五宝亭にいわせると邪道だといいます。「釣りは何の釣りでも、姿勢が大事だ。舟の中を走るなんぞはみっともないからやめろ」と、私は何度も叱られたものです。

しかし、釣れはじまると、とても落ち着いて坐っていられるものじゃありません。ついつい走って、竿を上げにいくことになります。どうもこればかりは、この先も直らないんじゃないかと思います。

それから、五宝亭さんのもう一つの口癖は、「リールを使わず、手バネで釣れ」ということ。たしかに、手バネ竿のほうが釣趣はあります。が、タナが浅いときはまだしも、深くなるとアタリがとれませんし、だいいち上げてくるのが大変です。そんなわけで、私はいまなお愛用のタイコリールを手放せません。

このほか、「釣れてよし、釣れなくてよし、楽しむことがほんとうの釣り」「一度来て釣れなくて諦めるのは、釣り師の資格なし」など、五宝亭のおやじさんに教わった教訓は数多くあり、いつも私は座右の銘としています。

現在の私の釣り方は、竿が十本でそのうち二本が手バネです。手バネ竿には独特の釣り味があるので、全部リール竿にしてしまうのが惜しいのです。そして、あとの八本にタイコリールをセットし、仕掛けはハリ数が二十本から二十五本。これが現在の私の標準的なスタイルです。

相模湖のワカサギ釣りも今年ですでに二十年になり、私なりの釣りの型のようなものが出来あがりました。ウデのほうはまだまだ未熟で、人さまに自慢できるほどではありませんが、これからも「釣れてよし、釣れなくてよし」の銘を心にとめて、末長く楽しんでいこうと思います。

氷に乗って漂流した話

相模湖で顔なじみになった人で、木下さんという釣り師がいました。この人もワカサギ釣りの大ベテランでしたが、ある年の秋、山中湖でバッタリ顔を合わせました。私たちがこれから出ようというとき、木下さんが沖から戻ってきたわけです。「どうしたんです?」と聞くと、「いやもう、いくらでも釣れちゃって、面白くねえから帰る」という返事です。

なんでも、一本の竿に五十本のハリをつけて下ろしたら、五十匹釣れてきたというものすごい話でした。見ると、ボートの中はワカサギだらけ。冗談じゃねえや、と私たち思いました。

こういうとほかの湖の釣り師に叱られるかもしれませんが、相模湖でウデをみがくと、ほかでの釣りがラクで仕方がありません。私の記録では、九月の下旬に、諏訪湖で十束、千匹というのがあります。二本竿でこの数です。しかも、このときは大半が十五センチ前後の型ぞろいでした。

また、富士五湖の精進湖では、三人で二千五百匹。「釣れましたか?」と聞かれてビクを見せたら、船宿の人が「ウッ」と絶句。次の瞬間、顔色が変わって、「こんなに釣っちゃあ、明日くる人のぶんがなくなっちゃう」。まさかそんなこともないでしょうが、精進湖は小さい湖ですから、船宿が文句をいうのも無理はありません。

ひとくちにワカサギといっても、湖によって特色がちがうものです。諏訪湖は数釣れますが、一般に型が小さい。私が釣ったときのは例外でしょう。西湖のはものすごく足が早くて、群れがパーッときたときにバタバタと釣れ、あっという間にいなくなります。そして、タナが非常に深い。二十〜三十メートルという深さですから、アタリをとるのに苦労します。また、ここのワカサギは大型なのが特徴です。

がっかりしたのはH湖のワカサギ。瘦せこけた小さいのばかりで、数もあまりでませんでした。地元の釣り師の話によると、湖が狭くて浅いところへ観光用のモーターボートが走り回るので、魚が神経質になって育たないということです。

そんなわけで、私がいちばん面白いと思うのは相模湖と山中湖。山中湖の場合はもっぱら氷上釣りで、そのために湖畔に別荘をこしらえました。ただし、こしらえた翌年から、あまり氷が張らなくなりましたが。

山中湖の氷上釣りでは、恐い思いをした経験が一度あります。

あそこは冬になると、富士山からすごい強風が吹き下ろしてきます。ひどいときは穴釣り用のボックスごと吹き飛ばしてしまうような風が吹くのですが、この強風の吹きはじめるのが、だいたい午前十時ごろと決まっています。

ですから、これを知っている人は朝の五時とか六時という早い時間に氷上に出て、ボックスが飛ばされないように固定します。要領はごく簡単で、船宿の人が氷に穴をあけると、水がパッと吹きだしてきます。この濡れたところへボックスを置くと寒気でたちまち凍りつくので、日中風が吹いてもビクともしないわけです。

ところが、汽車の関係か何かで遅く到着すると、それから氷を割っても凍りつきません。そうすると、ボックスが飛ばされて、釣りどころではなくなります。

昭和五十一年ごろの一月でしたか、平野側の半分が結氷して穴釣りが可能になったというので、早速出かけてみました。

定宿にしていた「ワカサギ屋」から朝早く氷上へ出て、例の方法でボックスをしっかり固定してから釣りはじめましたが、案の定、十時ごろになって風がでてきたのです。「あ、吹いてきやがったな」と思うまもなく、ヒューという音とともに、ボックスが揺れるくらいの強風になりました。

でも飛ばされることはあるまいと、タカをくって釣りつづけていますと、そのうち変なことに気づきました。糸がどんどんフケるのです。おかしいな、と思いました。氷の上で釣ってて、なんで糸がフケるんだろう、と。

そうこうするうち、ひょいと外を見たら、湖岸にすごい数の人が出ています。消防団が駆けまわり、船宿のおやじさんたちがロープをかついで、「そこにいて！　動かないで！」とこちらに向かって叫んでいます。一瞬、火事か地震かと思いましたが、すぐに事態が呑みこめました。私たち数十人の釣り師は、白熊みたいに氷の上に乗ったまま沖へ流されはじめていたのです。

富士山から強風が吹きつけると、湖の結氷していない湖面に波が立ちます。この波が、私たちが乗っていた氷の下を通って反対側の岸へぶつかり、岸側の氷を割って、結氷していた部分全体を岸から切り離してしまったのでした。

これには私も驚きました。まるでイカダの上で釣っているのと同じで、糸がフケるのも当然です。それからはみんなで声をかけ合い、じっと動かずに救助を待ちました。で、消防団が岸から氷のはしまで板やハシゴをかけるのを待って、やっと岸へ戻ることができたわけです。

幸か不幸か、珍しい経験をしましたが、それ以来、全面氷結したときでなければ、私は行かないことにしています。

タナゴ釣りのこと

私は小物専門の釣り師ですから、昔はタナゴ釣りにもよく出かけました。この魚は小型ながら姿の美しいのが特色で、鑑賞用にはもってこいの魚です。ですから、釣れると生かしたまま持ち帰って、家の水槽に入れては眺めて楽しんでいました。

水槽といっても私の家のはかなりの大きさですから、三束は楽に飼うことができます。なかにはずいぶん長生きするのもいますし、タナゴのほかにクチボソやモロコ、金魚まで同居していて、まるで魚のアパートのようです。

余談ですが、昔、うちの近所で火事があったとき、ご近所の人が四、五人がかりで、この重い水槽を外へ持ち出してくれました。水も魚も入ったままです。たまたま留守にしていた私は、帰ってからそれを知って大感激。水槽が惜しいというのではなく、そこまでしてくれたみなさんのお気持ちが嬉しかったわけです。

タナゴ釣りというのは、ほんとうに繊細な釣りです。ごく短い竿で、ハリなんかも専用の小さいやつで釣りますが、江戸時代まではお大名の釣りだったといいます。

野村胡堂先生の『銭形平次』などを読みますと、お大名が小川で岸に絹布の座布団をしいて、後ろに金屏風を立てかけ、腰元をずらりとはべらせて釣ったと書いてあります。

そして、餌をつけたり、釣れた魚をハリから外したりするのはみんなこの腰元たちのお役目で、お殿さまはただ竿を垂れるだけ。その竿がまた凝った漆塗りの高価なもので、金蒔絵の印ろうから練り餌を出し、御殿女中の髪の毛をハリスに使ったといいます。

私も、一度でいいから、そんな贅沢な釣り方をしてみたいものです。

昭和四十年代の中ごろまでは、茨城県の土浦周辺、霞ヶ浦、千葉県の各地のホソなどへしばしば通いました。当時はまだ魚影も濃く、ポイントさがしにそれほど苦労しないですんだものです。そして、帰りには、釣ったタナゴを死なせないように途中の駅で何度も下車しては水を取りかえ、大事に持ってきました。いまは、ブクブクなんて便利な器械があるので、そんな苦労は昔話になりましたが。

タナゴ釣りは、あちこちと移動せずに、一カ所に腰をすえて釣るのが定法とされています。この釣りの名人だった先代の金馬師匠から、私はそうするものだと教わりました。で、いつも釣り場へ着くと、ひとわたり歩いてポイントを決め、釣れても釣れなくても、一日そこへじっと坐って釣ったものです。

しかし、冬の釣りものですから、地面に坐っているとシンシンと腰のあたりが冷えてきます。で、あるとき、土浦の田んぼの中にあるホソで、いつものように畔道に坐りこんで釣っていました。

曇天のものすごく寒い日で、そのうちに雪がチラチラと落ちてきました。手はかじかんでくるし、なぜだか知りませんが眠気がおそってきます。本で読んだことを思い出して、「こんなときに山で遭難するんだろうな」と妙なことを考えながら、それでも諦めずに粘っていました。

そのうち、ふと後ろを見ると、少し離れたところに、稲ワラが積み重ねてあります。「こいつでたき火をしたら、さぞあったけえだろうなあ」と思っているところへ、土地の人が通りかかったので、「あのワラの持ち主を知りませんか」と聞いてみました。「ああうちンだ」という返事。シメタと思って、「あれでたき火をさせてもらえませんか」と頼みますと、「火の始末さえしてくれりゃ、かまわねえ」といいます。

さあ、許可をもらったので、喜んでたき火の仕度にかかりました。どうしたかというと、釣り座の左右と後方を〝コ〟の字型にワラでかこみ、その真ん中に私が坐ります。そして、ワラに火をつけてチロチロと燃す。これなら、たき火にあぶられながら、釣りがそのまま続けられるわけです。

まるで〝火焔不動〟みたいですが、寒けりゃ帰ればいいのに、そうまでしてタナゴを釣りました。また、こんな日にかぎってよく釣れるのですから皮肉なものです。

このころの私の「釣り日記」を見ますと、昭和三十八年の二月に、神奈川県の鶴見川の支流の早淵川というホソで、ミヤコタナゴが三匹釣れたと書いてあります。このときはモロコとクチボソを釣りにいったわけですが、そのハリに混じって釣れてきました。で、当時の新聞の切り抜きには、「現在では珍しくなったミヤコタナゴの釣れる川」と出ています。もう晩年のタナゴ釣り場だったわけです。

その後しばらくはここへ通い、いちばん釣ったときで「十匹」とありますが、ほどなく姿を消してしまいました。

ところで、このタナゴが、近年はさっぱり釣れなくなりました。釣れないものだから、フナ竿のような長い竿で沖めを狙ったり、マキ餌をばらまいたりして釣っている人を見かけますが、あれではタナゴ釣りとはいえません。だいいち、長竿でタナゴを釣ったって面白くもなんともありませんし、マキ餌は川を汚すばかりです。

また、釣れないものだから頻繁に場所を移動している人もいますが、タナゴ釣りだかイワナ釣りだかわかりゃしません。

釣れなくなった原因は、水質の汚れのほかに、釣りすぎて魚が減ってしまったためではないでしょうか。タナゴを釣る競技会というのがあって、バスを何台も連ねていって、一人が五束だ六束だと釣ってくる。あんなに釣っては、いなくなるのは当たり前です。

競技会をやるのは勝手ですが、タナゴをそんなに釣り上げて、そのあとどう処置するのか不思議です。まさかタンパク源にするわけではないでしょう。鑑賞用なら二、三十四も釣れば十分ですし、結局、残りは、死なせてしまう結果になるわけです。

それなら、帰りに放流してきていただきたい。いまのように、イナゴの通ったあとみたいな釣り方を続けていたら、早晩、日本のタナゴは姿を消してしまいます。釣り師が自分の首を絞めるようなもので、こんな馬鹿げた釣り方はありません。

そんなわけで、東京ではだんだんタナゴが釣れなくなったので、私は昭和四十一年の冬に、琵琶湖へ釣りに行ったことがありました。仕事のついででしたが、あらかじめ雑誌などから情報を仕入れて、東京から竿と道具類と、餌もちゃんと持っていったわけです。

そのときの様子を、私の「釣り日記」からちょっと抜き出してみましょう。

「本でみると、関西ではタナゴ釣りはやらないと出ていたので、小生、タナゴを釣ってみようと、午後ホテルの桟橋に出てみた。午前中は雨が降っていたが、上がったのでタナゴ竿にシモリ浮き釣り。餌は赤虫。初めから入れ食い。しかも釣れるタナゴの大きいのに驚いた。魚拓にもとったが、十一センチから十二センチくらいの大型。東京で大型というのは、ここでは中型くらいだった。タナゴは、型のいいヤマベもいれて、三時間で五十匹くらい釣った。

翌日は朝からタナゴ釣り。昼すぎにホテルの板前さんが二人きて、『ボテ（タナゴのこと）釣りですか』と聞かれる。板前さんたちはハス（東京でいうヤマベ）釣りだとのこと。見ていると大型のヤマベと、ヤマベに似たカワダという魚を上げていた。小生もハス釣りに変わり、だいぶ数を上げた。

最終日は朝九時ごろからハス釣りをやり、十一時ごろまでに十五センチをかしらに三十四。午後はまた板前さんたちと釣りだし、一人の板前さんがフナばかり上げるので、小生、仕掛けをシモリにしてフナを狙う。入れ食いだった。三時ごろ、みんな揃って納竿。それまでにカワダは二束、フナは、小ブナながら五十釣った」

とまあ、こんな面白い釣りをしています。

で、このときに気づいたのは、関西の人は関東のシモリ仕掛けを知らないということでした。みんな立ちウキを使った釣りで、私がシモリ仕掛けを見せると、「面白い」といいます。それで、仕掛けの作り方、使い方、アタリのとり方などを二人の板前さんにすっかり教えてきました。

機会があれば、ぜひもう一度、琵琶湖へタナゴ釣りに行ってみたいものですが、それにしても、関東の釣りを関西でやらなきゃならないとは、正直いって淋しい気持ちです。

バクチ

最近は、私たち噺家もビジネスマンなみに飛行機を利用したり、新幹線に乗る機会が増えました。まだ単身赴任はありませんが、日帰り旅行などはしょっちゅうです。

昔は交通の便が悪かったので、仕事で地方へ行くというと、かなり時間がかかりました。たとえ半日だけの仕事でも、たいてい現地に前日に着き、翌日の仕事のあとにもう一泊、そのまたあくる日に帰ってくるという具合です。北海道など、前後四日はみないと駄目でした。

しかし、その反面、暇な時間に名所見物をするといった、ついでに遊んでくる時間が結構あって、それがまた大きな楽しみでもありました。

私の場合は、もちろん釣り。いつもカバンの中へ竿をしのばせて行き、行くさきざきで釣りを楽しんだものです。

四国のある町へ行ったときのこと。例によって遊びの時間がとれそうなので、前もって地図帳で調べてみますと、町外れを大きな川が流れています。シメシメとばかり道具を持って、勇んで汽車に乗りました。

で、現地へ着くなりさっそく竿を出してみたのですが、水もきれいでいい川なのに、どうやってもアタリがありません。そのうち土地の人がやってきて、「これ、魚のいない川だよ」というわけです。「なんかいるだろ」といったら、「ウナギはいるけどほかの魚はいない」ウナギなんか釣ったって仕様がありませんから竿をたたんで帰ってきたのですが、やっぱり物足りないわけです。

で、宿に戻ってからひょいと庭を見ると、大きな池があって金魚だのコイだのがいっぱいいる。そこで女中さんに、「すまないけどバケツ貸してくれ」って頼みました。「バケツ何すんの?」「いいから貸してくれ、ついでにごはん粒も少しくれ」っていって、誰も見ていないうちに、池の魚を全部釣り上げちゃいました。

さあ、宿のおやじが、怒った怒った。もちろん釣った魚は池に返しましたが、私はこってりしぼられました。

魚のいない川で釣りをするくらい間の抜けた話はありませんが、似たような話はほかにもあります。

九州の八幡へ五、六人で仕事に行ったときのこと。八幡製鉄の敷地内に大きな池があって、魚がいるといいます。たまたま空き時間があって、みんな退屈してたものですから、じゃあ釣りをしようかということになりました。

工場の人に「釣りをさせてほしい」と頼んだら、「どうぞ、いくらでもおやんなさい」という返事。さっそく竿を借りて、みんなで釣りはじめました。

しばらくすると、俗曲の桧山さくらさんのウキにいいアタリがあって、大きなフナがあがりました。「こりゃあ釣れるぞ」ってんで、みんな張り切りましたが、アタリはそれ一回っきり。あとはウンでもスンでもありません。

で、あとで聞いてみると、その池にはそのフナ一匹しかいないっていうわけです。早くいえってんですよ、それを。みんな目の色を変えてやってたのに、まったく馬鹿馬鹿しい話でした。

かと思えば、旅先で、落語のネタになりそうなことを教わってくる場合もあります。

やはり九州へ行ったときですが、船を雇って海釣りに出かけました。すると、沖へ出るなり船頭が、「お客さん、バクチやるかね」といいます。一瞬、船の上でコイコイでもはじめるのかと、耳を疑いました。が、よく聞くと、バクチウチとはその土地の言葉で、カワハギのことをいうのでした。

ご存知のように、カワハギという魚は皮が大変硬くて、皮を剥がなきゃ食えない、っていうところから名前がついた魚です。そのかわり、硬い皮をつかんで引っ張ると、メリメリと簡単に裸にしてしまうことができます。私なんか子供のころ、あの皮を干して、エンピツの芯をとぐのに使ったのを覚えています。

で、船頭さんに聞いてみました。

「どうしてカワハギがバクチウチなんで」

「なあに、すぐ裸になるからだよ」

なるほど、うまいことをいうものだと、すっかり感心してしまいました。あのとき、肝心のバクチウチが釣れたかどうか、ちょっと記憶にありませんが。

ゲテモノ釣り

釣りの外道って、よく考えるとおかしなものです。目的の魚以外は、たとえタイが釣れても呼び名は〝外道〞、こうなるとそのタイの値打ちまで下がるように思えるから不思議です。

海釣りのほうで外道といえば、なんといってもメゴチが代表格でしょう。白身で、テンプラにするとおいしい魚ですが、メゴチを狙って釣りにいく人はあまりいないようです。そんなわけで、生まれ落ちたときから外道の宿命を背負った、じつに気の毒な魚です。

ところで、もともと〝外道〞という言葉は、仏教からでたものだそうです。仏教徒が、他の宗教の信者のことを、あれはオレたちとちがうという意味で〝外道〞と呼んだ。辞書を見ると、そう書いてあります。

とすると、仏教で禁じられている殺生を大喜びしてやっている我々釣り師は、どういうことになるのでしょう。釣り師こそ外道なんじゃないだろうかと、ふと考えてしまいます。

それはともかく、外道を釣ったお話を少々。

「エメロンのおじさん」こと円右さんが、ある日、相模川のジャリ穴へ、ヘラブナ釣りに行ったそうです。ところが日並みが悪かったのか、誰一人として釣れない。そのうち円右さんのウキに待望のアタリがでて、ハッシと合わせると見事ハリ掛かりしました。

で、まわりのヘラ師が全員注目するなかを、円右さん得意満面で寄せてきたら、これがなんと大きなエビガニ。それっきりあの人、ヘラ釣りをよしちゃいました。

この円右さんみたいに、何かのきっかけでそれまで好きだった釣りをよしちゃうことはよくあります。

私は以前、ヤマベの毛バリ釣りに凝っていました。で、ある川で竿を振っていたと思ってください。ご存知のようにヤマベの毛バリ釣りは、毛バリを八本も十本もつけて、頭の上で〝の〟の字を書くようにして振り込みます。私も頭の上で〝の〟字を書いていましたが、そのうち水中じゃなく空中のほうでグググッと手応えがあり、見ると大きなカラスが仕掛けにからみついていました。

さあ、それからが大変です。カラスは逃げようとする、こっちは竿を折られまいとする。なんとか糸が切れてくれないかと思うのですが、こんなときにかぎって切れません。カラスはギャアギャア鳴くし、近所の人たちは何事かと外に出てくる。それっきり、私は毛バリ釣りをやめました。

これなんかは外道釣りというよりゲテモノ釣りというべきでしょうが、私はトリに縁があるらしく、もう一匹、別のトリを釣ったこともあります。

土浦の木原のホソへ小ブナ釣りに行ったとき、水神様の前に、いつも寄らせてもらう遠藤さんというお宅がありました。養鶏農家で、家の中をヒヨコが走りまわっているというおうちですが、ここでお昼のお弁当を使わせてもらっているあいだ、土間にミミズをつけたまま、竿を立てかけておきました。

ところが、食事を終わって外へ出ると、私の竿がありません。変だなと思いながら、ひょっと向こうを見ると、竿が道をツツと走っていきます。あわてて竿を手に取ると、なんと遠藤さんちのニワトリがハリの先にぶら下がっていました。

まさかシメるわけにもいかないし、糸を切ってしまいましたが、あのニワトリ、あれからどうなりましたか。

しかし、こんなのは序の口で、私はもっとすごい話を聞きました。

先代の金馬師匠のおうちは、やたらネズミが多かったそうです。で、あるとき、リール竿にチーズの餌をくっつけて、ネズミの出る穴のところへ置いといたら、〝い

い型〟のが掛かったそうです。それをグッと合わせたら、左右に走るわ、水面（?）にジャンプするわ……。金馬師匠いわく、「ありゃ、引くよー」。

おまえさんもやってみな、といわれましたが、ご辞退しました。

けものたち

釣りをしていると、いろんな動物に出会います。

土浦の木原のホソで小ブナを釣っていたら、目の前の草むらからワッと化け物が飛びだしました。真っ赤な口が耳まで裂けて……。よく見ると、イタチがエビガニをくわえていたのでした。

このイタチという動物はよく見かけますが、素晴らしいあの身のこなしにはいつも舌をまいてしまいます。

前にも書いた伊豆のK川で釣っていたとき、下流のほうから一匹のイタチが、川の中の石の上をすごい速さで跳びながら、こちらへ向かってやってきました。そして、私のすぐそばまでくると、「ン？」という感じで一瞬立ち止まって私の顔を見上げ、また猛スピードで上流へ。あの身軽さが釣り師にも備わっていたらどんなにいいだろうと、羨ましく思いながら見送ったものです。

それから、ずっと以前のことですが、相模湖でワカサギ釣りをしていたとき、イノシシの親子連れを見たことがあります。大胆にも私の舟から二十メートルほどの岸辺で水を飲み、飲みおわるとまたトコトコと山の中へ消えていきました。野生のイノシシを目の前で見たのは、このときが初めてです。ところが、私がこのことを、昼食を届けにきた五宝亭のおやじさんにしゃべったので、すぐに猟師に追跡されて仕留められたそうです。どうもイノシシには、気の毒なことをしてしまいました。

昔といってもたかだか二十数年前までは、東京近郊の釣り場でもよくこんなふうに、いろんな野生動物に出会ったものです。

ところで、野生の動物のなかで、できればお目にかかりたくないのが、ヘビと熊。ヘビのほうは、万一噛まれても牙が通らないだけの足ごしらえをしていきますが、熊はそうもいきません。

私たちがベースにしている奥利根の村には、熊にやられた人が二人います。一人はビンタを食らって顔半分に大怪我をし、もう一人は、死んだふりをしたら背中をガブッと食われたそうです。誰がいったことだか知りませんが「熊に死んだふり」は通用しないということが、この話を聞いて初めてわかりました。

それから、北海道のほうでは、ヒグマに出会って木の上に逃げたら、その熊が木をぐらぐら揺すったなんて、ひどい話もあるそうです。こういう話は、想像するだけで首筋が寒くなってきます。

私たちが奥利根で熊公とご対面したことは前にご紹介しましたが、釣友の堀さんは、自動車に乗っていて襲われたことがあります。やはり利根へ行く途中で、夜中に山道を走っていると親子連れの熊に出くわしたそうです。すると親熊のほうが突然向かってきて、バーンと車に体当たりしたといいます。一発かまして逃げていったそうですが、熊が体当たりしたところはポコンと凹んで、そこに黒い毛がついていました。それで、堀さんは一年間修理しないで、会う人ごとに「熊とぶつかったんだ」と自慢にしていましたが、熊のほうは平気だったといいますから丈夫なものです。

動物のことでは、いまでもよく思い出す出来事があります。

これも木原のホソでのことですが、小ブナを釣っていると、私のそばに大きな犬がやってきました。飼犬らしく、人なつこいそぶりで私の隣に坐ります。そして、私の顔を見ては、「ウウウ……」というのです。

ちょうどお昼のお弁当を広げていたので、腹が空いているのかと思い、「ほら、食べな」と横浜名物のシュウマイを一個与えました。けれども、なぜかすぐには食べません。何度もすすめる（?）と仕方がなさそうに食べたものの、また私の顔を見て「ウウ」。

どうもおかしいと思い、私、犬に聞いてみました。「おまえ、なんか用か?」。そうしたら、しばらく私の顔を見てから、いきなり目の前の小川をバシャバシャ横切って向こう岸へ行ってしまった。さあ、それからは魚がまるで釣れなくなってしまいました。

あとで土地の人に聞いてみると、私が釣っていた場所は、いつもその犬が渡っている通り道だというのです。ところがそのときは私が占領しているものだから、犬ながらも遠慮して「渡っていいか?」と聞いたのでしょう。それを知らないものだから、無理にシュウマイをすすめたりして……。で、次からは、ここで釣るのは遠慮しました。

ちょっと一言

どうせ釣りをするなら、環境の良いきれいな自然のなかで、気分よく一日を楽しみたいものです。ゴミが散らかっていたり、死んだ魚が浮いているような場所じゃ、いくら数釣れたって興醒めしてしまいます。

私が海釣りをよした理由の一つは、一日釣っていると糸が茶色に変わってしまうような、ひどい水の汚れでした。せっかく釣った魚も、臭くて食えやしません。柳好師匠など、東京湾でサバを八十何匹だか釣って知合いのお宅に配ったら、配った先全部から「油臭くて食べられない」と苦情がきたといいます。こうなっては、海は死んだも同然です。

最近は少しきれいになったと聞きますが、少しばかりじゃいけません。私は東京湾に青ギスがもどり、隅田川でまた白魚がとれるようになってこそ、ほんとうに海がきれいになったといえるんじゃないかと思います。そうなるまでは、二度と海釣りはやらないつもりです。

私の好きなワカサギ釣りにしても、近頃はいい釣り場がめっきり少なくなりました。

うか。

各地の湖へ行くたびに、この先どうなるのかと不安を覚えることばかりです。この状態が今後も続くなら、遠からず日本のワカサギの湖は死んでしまうのではないでしょうか。

いちばんひどいのは、やはり水質の汚染です。一例をあげると、昔から魚影の濃いことで知られた長野県のS湖などは、底にヘドロが堆積しています。そのせいかどうか、湖岸には死んで浮き上がったコイやフナがたくさん打ち寄せられている有様です。工場排水や、まわりの旅館、ホテルの汚水、家庭用水などが大量に流れ込んでいるためでしょう。

この湖には、私もかつて何度か通い、行くたびに束釣りを楽しんだものでした。しかし、そのうちに仕掛けにゴミがからんできたり、糸が青黒く変色するようになって、すっかり足が遠のきました。あれではせっかく釣ったワカサギも、家に持ち帰って食べようという気になれません。

関東では、茨城県の霞ヶ浦などもひどい汚れです。私は科学万博の前に仕事で行って、あそこの偉い人に挨拶をしたあとでこういいました。

「万博やるのも結構ですが、その前にぜひ霞ヶ浦をきれいにしてほしい。万博を見にきた外国の人がついでにあの湖を見たらどう思いますか。それこそ日本の恥じゃないでしょうか。万博につぎこむお金の半分で、泥沼同然の霞ヶ浦を生き返らすことができるじゃありませんか」と。

こういう政治のおかしさに対しては、いいたいことが山ほどあります。

かつて私は、相模湖の五宝亭のおやじさんと一緒に、相模湖にワカサギの産卵床をこしらえる計画を立てたことがありました。もちろんこれは個人のプランです。

ご存知と思いますが、魚の卵というのは水がきれいでないとふ化しません。卵の表面にゴミやドロがくっつくと、ふ化するまえに死んでしまいます。ところが以前、上流の桂川でさかんにジャリ採掘をやったために、そのあとにできたジャリ穴からドロが流れだして、大量のワカサギの卵が死滅するということがありました。いまでも大雨が降ると湖が茶色に濁りますが、これはジャリ穴のドロが大きな原因の一つになっています。

そこで、このドロの流入を防ぐこととあわせて、岸寄りの湖底の一部に小ジャリを敷きつめて、ワカサギが産卵、ふ化しやすい場所を人工的に作ろうと考えたわけです。ただし、ドロの流入防止は個人の力ではできません。行政の規制が必要ですからこちらは県にお願いし、私たちは産卵床の造成をめざしました。

そして、いまから十数年前に、青田の奥の鹿沢というところを候補地の一つにして、そこに魚道と産卵床をもうける計画を立てました。ここは個人の所有地だったので、交渉して所有者の了解を取りつけるところまでいったわけです。

ところが、途中で妙な政治力が介入して、この話はお流れになってしまいました。あとで聞いた話によると、ある政治家が票集めのためにここへダムを作ろうとしていたそうです。結果的にそのダムはほかの場所に作られたのですが、そんなわけで私たちの計画は、変な横槍のためにつぶれてしまいました。

当時の計算では、約三十万円の費用で実現できたはずですが、いまやろうとすればその数十倍の資金がいるでしょう。とても個人の力でできるものではありません。

こんなふうに、先の読めない政治家に妙な政治力を振りまわされると、せっかくの自然環境を守ろうという努力もすべて無駄になるということです。私は一介の噺家で微々たる力しかありませんが、ワカサギ釣りは好きだから、釣り場と魚を守る努力は惜しみません。ですから、いまでもこのときのことは、非常に残念に思っています。

その後、五宝亭さんをはじめ、地元の釣り宿、釣り師たちの陳情で、神奈川県が湖底に五つの水質浄化装置を取りつけました。これもまあ、無いよりはましでしょうが、とても十分とはいえないでしょう。それよりも、湖を汚している元凶を徹底的に規制することのほうが先決なのではないでしょうか。また、積極的に魚族を殖やすような政策を、ぜひとってもらいたいものだと思います。

それから、相模湖に関しては、ワカサギの産卵、ふ化の一時期だけでも、できればダムの水位を下げないでほしいものです。ワカサギは、湖底によい産卵床がなければ、湖岸の擁壁などに卵を産みつけます。ところが、ふ化するまでのあいだに水位が下がると、卵が水面上にでて干上がってしまいます。ダムの目的、重要性は十分理解しているつもりですが、多少でも魚族保護に目を向けてくれれば、それなりに融通はきくはずです。この点も、県、電力会社などにぜひお願いしておきます。

それから、各地の湖を歩いていつも気になるのは、釣り師自身が環境の改善や魚族保護にほとんど無関心であることです。「釣れない」と不満を並べるまえに、釣り場を汚さないこと、増殖に協力することが大切でしょう。

これもワカサギの名場所だったある湖では、秋口に釣り師が、夜中に明かりをつけて魚をとるという漁師まがいの乱獲をしたために、冬になってからはまったく釣れなくなったということです。あるいは、漁協が客寄せのためにブラックバスやマス類を放流して、小魚が激減してしまった湖もあります。

目先のことにとらわれていると、自分の首を自分で絞めることになります。

にわか釣り師

行政側や管理者側への注文を述べてきましたが、一方、釣り師の側にだって反省すべき点は多々あります。

いま日本の釣り人口は、一千五百万とも二千万ともいわれています。一千五百万として、国民七、八人に一人が釣りを楽しんでいる計算になるわけです。こういうふうに同好の士が増えることはおおいに結構だと思いますが、なかには不心得な釣り師もたくさんいます。

たとえばマナー。釣り場に弁当の食べかすやジュースの空きカンを捨ててきたり、仕掛けを引きちぎって川に投げ捨てるなんてことは日常茶飯事、釣れないと川に石を投げこんでくる人がいます。自分が釣ったらあとは野となれ山となれ……こういう手合いは、明日から釣りをやめてほしいと思います。

私は、釣りのあとは必ずゴミを燃やして始末し、燃えないゴミは袋に入れて持ち帰ってきます。タバコの吸殻ひとつだって、残してきたことはありません。

ゴミの散らかった釣り場くらい、行って興醒めするものはありません。とにかく、釣り師が自分の庭先を汚すようなことは、絶対にやめてほしいものです。

それから、最近は海釣りに限らず、川や湖でもマキ餌をまく釣り師が増えてきました。しかも、あんなにまく必要があるのかと疑うくらい、大量のマキ餌を使っています。驚いたのは、ワカサギ釣りにマキ餌を使う湖があることです。サバ釣りじゃあるまいし、マキ餌でワカサギを釣るなんて邪道もいいところだと思います。

海が汚れたのは公害のせいだといいますが、このマキ餌公害だって馬鹿になりません。一人がバケツ一杯まいたとして、何十人もが毎日まけば大変な量になるでしょう。それがどんどん底にたまって、ヘドロになり、水が腐ってきます。

昔、内房へ海タナゴ釣りに行ったときにも、奇妙な釣り師に出会いました。その人は私のすぐ上でマキ餌をまいていたのですが、潮は私のほうへ流れてきます。おかげで魚がみんな私の足元に寄って、私ばかりがどんどん釣れる。ご当人はさっぱり釣れないものだから、ヤケをおこしてさらにまく。それで私は、自分のマキ餌をまったく使わずにすみました。こういうわけのわからない釣り師が、実際にいるんですから呆れてしまいます。

マキ餌を使うと、一時はたしかによく釣れますが、長いあいだには水が汚れて釣り場が荒れてしまいます。とくに潮や流れのゆるい川でこれをやると、てきめんに悪影響があらわれます。

もう一つ気になるのは、欲にかられた釣り師があまりにも多いことです。釣れたものは、稚魚でも何でもビクに入れる。海釣りに行って、たかだか五センチほどの鯛の子供や、マッチ箱ほどの小ガレイを持ち帰る人の心理というのは、まったく理解できません。

海でも、川でも、稚魚は放流していただきたい。一、二年もすれば、大きくなった魚が、また私たちを楽しませてくれるのですから。

また、必要以上に大量に釣るというのもやめてほしいものです。私は、渓流の仲間たちを、ある冬、土浦近郊のタナゴ釣りに誘ったことがありました。ところがいつもはよく釣れるのに、四人が四人とも全然釣れません。どうもおかしいので土地の人に聞いてみますと、前日かなりの人数の釣り団体がバスを連ねてやってきて、根こそぎ釣っていったというのです。

タナゴを一人が一束も二束も釣って、それをどうするつもりかお聞きしたい。まさか食べるわけではないでしょう。タナゴは白焼きにすると、ほろ苦いオツな味がして、酒好きな人にとってはいいオツマミになります。しかし、いくら食べたって一人が十匹も食べれば十分でしょう。残りはどうするつもりでしょうか。水槽で飼うにしたって、二、三十匹で足りるはずです。

私は、釣れなかったことが悔しくていうわけじゃありません。こういうふうに競技会をやって根こそぎ釣り上げてしまうと、いずれ魚が絶えてしまいます。再放流するか、自分たちの手で稚魚を買って放流するといった手立てをぜひ講じてほしいものです。

それから、いつもいまいましく思うのは、最近むやみに川の中に立ち込む釣り師が増えたことです。静かに釣れば岸からいくらでも釣れるのに、競って川の中へ入っていきます。一人が入ると、もうその付近では魚が散って釣りになりません。ヤマベ釣りなど、いまでは立ち込まないで釣っている人のほうが珍しいくらいです。こうして、釣り師自ら魚を追い散らしていながら、「釣れない釣れない」と嘆いているのはまるでマンガのように滑稽な風景です。

以前、鬼怒川で、流れの中に首までつかって釣っている友釣り師を見て、「湯に入ってるんじゃねえや」と、連れと笑ったことがありました。ところが、近頃は、渓流の釣りで川の中に立ち込む人間がいるのですから、呆れるほかはありません。

昨年、奥利根のある沢を下ってくると、大学生らしい四人連れが釣っていました。見ると、なかの一人が川に立ち込んで竿を振っています。で、私が「何釣ってんです?」と聞きますと、「ヤマメ」という返事です。

釣れるわけがないでしょう。溪流の魚は林の中から釣れというくらい姿を隠して釣るものなのに、こともあろうに川の中に入るとは、言語道断もいいところです。ご本人が釣れないのは一向にかまいませんが、あとからこの沢に入る人も釣れなくなってしまいます。無知というか手前勝手というか、こういうにわか釣り師が増えているのはほんとうに困ったものだと思います。

あとがきにかえて
——釣れてよし、釣れなくてよし、人生竿一竿

男の道楽とは、因果なものだと思います。ゴルフ族の奥さん方を「ゴルフ・ウイドウ」というそうですが、釣り師だって似たりよったりのものでしょう。一年の三分の一は仕事で家をあけ、たまの休みは自分だけさっさと釣りに出かけてしまう私なども、あまり威張れたものではありません。一緒になったそのときからすでに亭主が釣りキチだったうちの女房などは、呆れているのか、諦めているのか、全然文句をいいません。しかし、貧乏だった若いころは、釣り道具を買ってきては、よく小言をいわれました。仕事を三回やってやっと買えるような高い竿を持ち帰り、「こんなものにお金を……」なんて、よく泣かせたものです。

「こんなもの」といったって、私にとっては命の次（いや、カミさんと子供たちを除いてですが）に大事なものですから、一度握ったら放しやしません。そうやって、暇さえ

あれば竿をかついで釣りに出かけたものです。

その罪滅ぼしといっては大袈裟ですが、以前は一年に一度だけ、カミさんと子供を連れて、芦ノ湖のワカサギ釣りに行っていました。口の悪い友達は「なんだい、罪滅ぼしも釣りかい」などと冷やかしますが、私はほかに思いつかないのですから仕方がありません。

このささやかな家族旅行も、息子が成長するにつれていつのまにか中断し、私は仲間たちと渓流へ、息子は友達と海釣りに行くようになりました。「芸は継がせないが釣りは継がせる」と宣言していた私ですが、親の思う通りにはいかないものです。しかし、私が海釣りから出発して渓流に入ったのと同じように、息子もやがて渓流をやるときがくるかもしれません。そのときは私の釣りのノウハウを、すべて伝授してやるつもりです。

私のいまの夢は、竿をかついで全国の渓流を釣り歩くことです。足の向くまま気の向くままに、あっちの渓からこっちの渓へ、イワナ、ヤマメを訪ね歩く。そんな贅沢な釣りができたら、どんなに楽しいだろうかと思います。

幸か不幸か、私の仕事には定年というものがありません。ですから、元気なかぎりは一生仕事から解放されませんが、仕事があってこそ、たまの釣りが楽しいものだとも思います。

そんなことを考えながら、今年もまた、奥利根の渓へ入る計画を、仲間の伊藤さんや小川さんと立てました。堀さんが欠けたのは淋しいかぎりですが、「釣渓荘」は健在ですし、奥利根のイワナたちも待っているでしょう。記録破りの型物がくるかどうか、もうじきやってくる解禁の日を、指折り数えて待っている毎日です。また、今年の相模湖は不調でしたが、この冬のシーズンはどうでしょうか。これもいまから気がかりです。

こんなふうに、一年三百六十五日、釣りから離れられない私ですが、健康なかぎり、この先もずっと釣りを楽しんでいこうと思います。幸い、釣りには、歳をとればとったなりの釣り方、楽しみ方があります。そして、四十年間の体験から、私流の釣りの型のようなものが出来あがったような気もしています。

「釣れてよし、釣れなくてよし、人生竿一竿」の銘を頭にきざんで、末長く、のんびりと釣りを続けていこうと思っています。

解説　人生竿一竿

若林　輝

落語家、桂歌丸。一九六六年に放送を開始した大人気長寿テレビ番組「笑点」の大喜利メンバーとして、放送開始から五十年間にわたり出演し、日曜日の夕方、お茶の間に笑いを届けた。落語とは縁遠かった私にも、歌丸師匠は子どもの頃からテレビ画面を通してずっと側にいた馴染み深い存在だ。落語ファンはもちろん、老若男女に愛された噺家は、二〇一八年に八一歳で生涯の幕を閉じた。本書は今から三七年前の一九八六年、四九歳の歌丸師匠が世に送った釣りエッセイの文庫版である。

解説の前に、私ごとではあるが、この本との出会いについて少しだけ書かせてほしい。私は長い間、釣り雑誌の編集や執筆をしてきた。取材を通して釣り名人と呼ばれる方々に話を聞くなかで、名人の多くが「釣りの魅力は自然のなかで過ごす時間そのもの」と語ることに気がついた。長い時間を釣りに費やし、少しでも大きな魚を一匹でも多く釣ることに研鑽を積んできた名人が、釣果よりも過ごす時間に釣りの本質を見出すことに驚いた。名人たちが口を揃えて語る釣りの本質を、誰もが感じられる雑誌を作りたい。そう思い、二〇一六年に『リバーウォーク』という渓流釣りの雑誌を出版した。テーマは「釣りを通して川で過ごす良い時間」という意味を込めて「川時間」、特集タイトルは「〝釣る〟だけじゃない釣りの話」とした。

その二年後、亡くなられた歌丸師匠を偲ぶインターネットの記事の中に、無類の釣り好きだったと書かれた一行を見つけた。このとき『岩魚の休日』という著書があると知り、すぐにネットショップで取り寄せた。ページを繰ると、『リバーウォーク』に画付きの小説をご寄稿いただいた本山賢司さんの挿画が目に入り、縁を感じた。そして文章を読むと、ハッとした。「川時間」について書かれた本だった。

「釣れてよし、釣れなくてよし、人生竿一竿」

あとがきに、このような座右の銘があった。釣果にかかわらず一本の竿を振っている時間こそが、人生にとって大切なことなのだと、その時の私には読めた。

歌丸師匠が釣りの名人だったことは間違いない。それは本書に書かれた、人並外れた釣果からも明らかだ。釣果は釣りの本質ではない。だが、腕前の基準として釣果ほど明確なものもない。この本の読者のなかには、釣りに縁遠い方も少なくないだろう。ならば、これまで多くの釣り人を見てきた者として、僭越ながら本書に書かれた内容に基づき、歌丸師匠の腕前や釣り人像を、少しだけ評してみたい。

まずは魚拓としてこの本のカバーにもなった、当時の歌丸師匠のレコードである四一センチのイワナについて。奥利根の渓流で釣ったこの一匹、釣り人には言うまでもなく、かなりの大物である。魚の大きさは生息空間と比例する。狭小な山あいの渓流では、イワナは二〇センチを超せばもう十分なオトナだ。まれに尺（約三〇センチ）を超すまで成長したイワナは「尺イワナ」と呼ばれ、釣り人の目標とされている。歌丸師匠のイワナは、多くの釣り人の目標をはるかに超えた四一センチ。体重で言えば尺イワナの倍はあるだろう。さらに「まだまだこんなもので満足しているわけではありません」とまで書いてある。これは強がりでも自慢でもない。シーズンには月平均五日から一週間は通ったという奥利根の自然の深さを理解し、これに見合う腕を磨いた者だけが語ることのできる正直な言葉だと感じた。

数釣りについても触れておこう。「束釣り」という大漁を表す言葉がある。一束とは百匹のことで、それだけ釣ればかなりの大漁であるという基準だ。驚くべきことに歌丸師匠は、諏訪湖のワカサギ釣りで、束釣りの十倍である千匹もの釣果を記録している。ワカサギは一〇センチ前後の小魚で、元々数釣りを楽しむ魚ではあるが、釣り道具が格段に進化した今も、一日に千匹釣る人はなかなかいない。たとえば一日八時間、休みなしで釣り続けたとして、一分間に二匹以上釣らなければ千匹には届かない。

小さな針に米粒ほどの餌を付け、クモの糸のように細い仕掛けを巧みに操り、誘い、魚信を感じたら仕掛けを引き上げ、釣ったワカサギの口から針を外す。これを千匹に達するまで繰り返す。途方もない釣果であることがわかる。

歌丸師匠は、この一連の動きを磨き上げるために、自宅の畳の上で何度も針外しの稽古をしている。ひとつの仕掛けには十本ほどの針が付いていて、慣れるまでは扱いが難しい。そこですべての針に前日釣ってきたワカサギを付けては外す動作を、タイムを計りながら何度も何度も繰り返す。また、同じく数を目指すタナゴ釣りの練習では、家の中で座敷の真ん中に水槽を置き、釣り服に着替えて帽子もかぶり、雰囲気を高めて練習に励んだとも書いている。たとえ名人といえど、ここまでやる人はそうはいない。その上、ワカサギの氷上釣りを極めたいあまりに、山中湖の湖畔に別荘を建てたという話までさらりと語られるのだから驚きだ。

思えば本書は、釣りをしない人には理解しがたいエピソードの連発だ。釣り餌のミミズが家の冷蔵庫に保管しておいたら大量に逃げ出して奥さんにこっぴどく叱られたとか、ワカサギの餌であるサシ（ハエの幼虫）を増やそうとサバの頭やはらわたを屋根に置いたら異臭騒ぎとなりご近所からクレームが殺到したとか。なかには溪流釣り場を探すために、見ず知らずの家に十数軒も電話して川の様子を教えてもらい、「これだけ情熱をそそぐと、川が〝まだ見ぬ恋人〟のように思えて、いっそう恋心がつのるのですから面白いものです」などと、世知辛い今ならば炎上してしまいそうなことまで書いてある。釣りに執着しすぎる者を「釣りキチ」と呼ぶが、歌丸師匠は名人であるとともに、正真正銘の釣りキチであったに違いない。

この本は三章立てとなっている。一章の「溪流釣行記」は、当時の歌丸師匠が最も熱を入れていた奥利根の大イワナ釣りを中心に、溪流釣りの魅力が実に生き生きと描かれている。分け入るのは限界集落から林道を約八時間、さらにそこから半日がかりでようやく辿り着く深山の溪だ。雄大な自然への畏敬の念、釣り仲間とのかけがえのない時間が、みずみずしく描写されている。また、一人で川と向き合う溪流釣りは「川という恋人と密会して、釣りという会話を楽しめばいい」ともある。

二章の「道具・餌談義」では、釣り道具と釣り餌への並々ならぬこだわりが語られる。仕掛けはすべて工夫を凝らした手作りで、竿は吟味したお気に入りを大切に手入れして長く使う。特に入れ込んでいたワカサギ釣り用の竿は、自分でグラス（ガラス繊維）を削って繊細な穂先を作り、仕上げに漆で「歌丸作」と銘を入れ、何本も自作したとある。釣り餌集めについては先に書いた通りのこだわりようだ。それぞれが、釣りの持つ趣であり味であると心得て、幅広く愛していたのだろう。

三章は「海・川・湖沼遍歴」。副題に「おかしな、おかしな釣り行脚」とあるように、魚種を問わず楽しんできたさまざまな釣りを振り返る。終戦直後、まだ日本がとても貧しかった時代に歌丸師匠が育った横浜の風景描写が印象深い。「下は四、五歳の幼児から上は七十、八十の老人まで、仲良く河岸に並んで釣りました。奇妙な話ですが、ときには近くの遊廓にお勤めの女性たちまで、竿をにぎって釣っていました」とある。昭和の前半、暮らしとともにあった釣りは趣味ではなく、完全に実益だった。四、五本つなぎの竹竿が五十円から八十円だった時代の話だ。

ストーリーの具体性は噺家の明晰な記憶力によるのだろうが、こと細かにつけていたと思われる「釣り日記」を引く場面も多い。たとえば「昭和三八年の二月に、神奈川県の鶴見川の支流の早淵川というホソで、ミヤコタナゴが三匹釣れた」とある。今や一部地域を除いて野生は絶滅してしまった本種にとって、貴重な証言である。

このミヤコタナゴについては、大量に釣っては持ち帰る釣り人の行いに、鋭い舌鋒を向けている。それだけではない。高度経済成長期にひどく汚染された東京湾には、幻となったアオギスが戻り、隅田川でシラウオが取れるまで二度と海釣りはしないとまで言い切っている。この本には大好きな釣りに向けた、歌丸師匠のどこまでも真っ直ぐな想いが詰まっているのだ。政治にも地域の自治体にも、違うと思えば強く異を唱えるのは、切実な自分ごとだから。「釣りが私の人生の半分といってもいいぐらいです」と書くほどに、歌丸師匠のなかで釣りは大きな存在だった。

この本は、釣り人にとっては信頼に足る名人の記した本格的な教書である。それ以前に、誰もが気軽に楽しめるエンターテインメントである。そこここに置かれた大なり小なりの笑いに、「笑点」の大喜利でよく見た皮肉めいた笑顔やメンバーとの痛快なやり取りが目に浮かぶ。なにより落語家・桂歌丸を愛した方々の頭のなかには、師匠の心地好い声と品格ある所作が、ありありと蘇るのではないか。

今回、文庫版の解説を書く上で、改めて読み返してみると、あとがきに書かれた座右の銘に、以前とは違うニュアンスを感じた。

「釣れてよし、釣れなくてよし、人生竿一竿」

釣れても釣れなくても――つまり、上手くいくこともあれば失敗することもあるけれど、自分の好きなことを日々繰り返し、一本の竿のように末永く続けていくことができれば、人生は幸せなのだと。

『岩魚の休日』は釣りを題材にして、そのことを書いた一冊なのだと読めた。

（わかばやし・てる『リバーウォーク』編集長）

＊本作品は、一九八六年にリヨン社より単行本『岩魚の休日』として刊行されました。本書は同書一刷（一九八六年）を底本とし、若林輝さんの解説を追加し文庫化したものです。

＊記述内容は当時のもので、現在とは異なる場合があります。

＊今日の人権意識に照らして考えた場合、不適切と思われる語句や表現がありますが、本著作の時代背景とその文章的価値に鑑み、そのまま掲載しております。

＊用字用語に関しては、原文の趣を損なわぬように配慮し、読みやすいように表記をかえた部分があります。

桂 歌丸（かつら・うたまる）／一九三六年神奈川県横浜市生まれ。本名、椎名 巖。落語家。一九五一年、古今亭今輔に入門。一九六八年、桂歌丸として真打昇進。出囃子は「大漁節」。二〇一八年七月、慢性閉塞性肺疾患により死去。公益社団法人落語芸術協会五代目会長、横浜にぎわい座二代目館長などを歴任。演芸番組「笑点」（日本テレビ）の放送開始から大喜利メンバーとして出演、二〇〇六年五月から二〇一六年五月まで五代目司会者を務め、勇退後は終身名誉司会者に就任した（没後は永世名誉司会者となる）。二〇〇七年には旭日小綬章を受賞。著書に本書のほか、『極上歌丸ばなし』『座布団一枚！ 桂歌丸のわが落語人生』『恩返し 不死鳥ひとり語り』などがある

カバーデザイン＝松澤政昭　本文DTP＝千秋社
校正＝五十嵐柳子　編集＝稲葉 豊（山と溪谷社）

岩魚の休日　釣れてよし、釣れなくてよし、人生竿一竿

二〇二三年十月五日　初版第一刷発行

著　者　　桂　歌丸
発行人　　川崎深雪
発行所　　株式会社　山と溪谷社
　　　　　郵便番号　一〇一−〇〇五一
　　　　　東京都千代田区神田神保町一丁目一〇五番地
　　　　　https://www.yamakei.co.jp/

■乱丁・落丁、及び内容に関するお問合せ先
山と溪谷社自動応答サービス　電話〇三−六七四四−一九〇〇
　　　　　　　　　　　受付時間／十一時〜十六時（土日、祝日を除く）
メールもご利用ください　【乱丁・落丁】service@yamakei.co.jp
　　　　　　　　　　　　【内容】info@yamakei.co.jp
■書店・取次様からのご注文先
山と溪谷社受注センター　電話〇四八−四五八−三四五五
　　　　　　　　　　　　ファクス〇四八−四二一−〇五一三
■書店・取次様からのご注文以外のお問合せ先 eigyo@yamakei.co.jp

フォーマット・デザイン　岡本一宣デザイン事務所
印刷・製本　大日本印刷株式会社

Printed in Japan ISBN 978-4-635-04977-1